倉山 満

工作員・西郷隆盛

謀略の幕末維新史

講談社+α《プラスアルファ》新書

はじめに

日本人に最も愛された日本人。本書の主人公、西郷隆盛のことです。

試しに国会図書館の検索機で「西郷隆盛」と入力してみました。次頁の図表の通りになります。西南の役の直後に戦記物が多く出された後は、極端に数字が落ちます。それでも、いくつかの伝記がつくられます。目を引くのが、山口亀吉『西郷隆盛一代記―絵本実録』（一八八八年）のような絵本、自由民権運動の指導者である植木枝盛による『西郷隆盛一代伝』（一八八〇年）のような伝記です。

ちなみに検索では単純に「西郷隆盛」「南洲」のようにキーワードを入力しただけなので、内村鑑三『代表的日本人』（一八九四年）のような有名な作品でも洩れていますので、あしからず。

戦後は出版事情が変わり多くの出版物が刊行されるようになりますが、西郷関係の書物も比例するように増加します。

目を引くのは、一九六〇年代です。大東亜戦争肯定論で有名な右翼の理論家と目された林

西郷隆盛関連文献数（国会図書館検索）

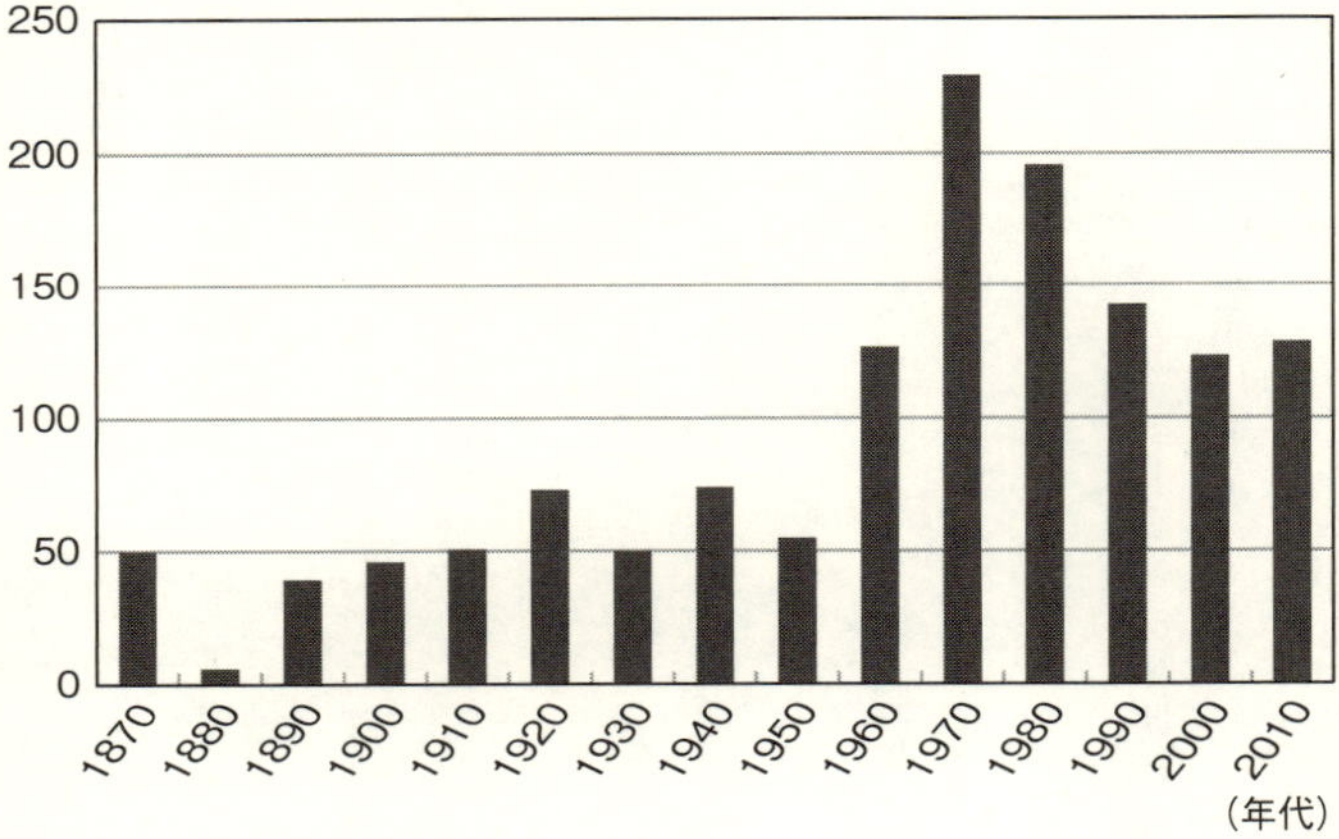

房雄が伝記を書けば、どちらかと言えば左翼系の歴史学者である田中惣五郎が吉川弘文館の『人物叢書』で評伝を書き、有名な大衆小説家である海音寺潮五郎が大ヒットを飛ばしています。

西郷の人気は根強く、衰えたことが無いと言っていいでしょう。

西郷が、どれほど傑出した人物か。

盟友の大久保利通《としみち》とともに薩摩藩の有力者として幕末政局に奔走し、長州の木戸孝允《たかよし》と結んで江戸幕府を倒し、明治維新を成し遂げました。また、戊辰の役では江戸無血開城を実現、敵方となった東北地方の人たちも西郷の寛大な処置に感謝し、今でも庄内では「南洲翁遺訓」を子供たちに暗唱させているほどです。

西郷は大久保や木戸とともに「三傑」と言われますが、当時からその筆頭と目されました。

大久保や木戸が岩倉使節団で洋行している間、留守を預かった西郷の政府は目覚ましい功績をあげます。この時期の政策が、日本近代化の基礎となった部分も少なくありません。明治六年の政変では竹馬の友である大久保との権力闘争に敗れ悲憤慷慨しながら下野しますが、政府の半分が西郷につき従います。その後、士族反乱が続発しますが、「西郷さんは、いつ立つのか？」と日本中が注目していました。

そして西南の役で逆賊として非業の最期を遂げますが、西郷の人気は衰えません。西郷は、一度として不人気になったことがない人物なのです。

ここで、いくつか西郷をめぐるエピソードを紹介しましょう。

維新後のある日、会議に出席するはずの西郷がいつまでたっても現れませんでした。そこで遣いを出して様子を見に行かせました。

すると、自宅の西郷は素っ裸で、

「いま、着物がない。あの縁先に干した浴衣が乾くまで待ってもらいたい」

とトボけた返事です。

一枚しか着物がなかったのです。

遣いから西郷の返事を聞いた木戸孝允は仕方なく自分の着物を持たせました。

しばらくして木戸の着物を着た西郷がやってきました。

みなが西郷の遅刻を責めましたが、当の西郷は、

「木戸さんの着物はこれ、こんなに短い」

と大きな体をゆり動かし笑みを浮かべながら答えたといいます。

そして、とうとう着物を木戸に返さず、いつもその短い着物を着用したということです。

（西田実『大西郷の逸話』春苑堂書店、一九七四年）


また、西郷隆盛が隠棲していたときのことです。

出かけた鰻屋で飯を食べ、

「お金をおいておいたよ」

と帰っていきました。

しかし、鰻屋の主人が確かめてみても、一文もありません。大急ぎで追いかけて、

「甚だ恐縮でございますが、お代がおいてありませぬようで」

「確かにおいてあるから、よく見ろ」

西郷はずんずん帰ってしまいました。

主人はもう一度、よくよく調べてみました。すると、鉢の裏に十円札が飯粒で貼ってあるではありませんか。

十銭もあればたくさん食べられる時代です。驚いた主人はお金を返そうと西郷さんのもとに持参すると、

「取っておいてください。ちょいちょい書生が厄介になるそうだから」

西郷は書生たちの踏み倒しを知っていたのでした。


（三河淡水グループ（株）ＨＰより）


まだまだあります。

ある時、宮中で晩餐会があり、近衛軍の佐官以上は出席しなければならないことがありました。しかし、西洋料理のマナーを知らない連中ばかりです。みなが戸惑う中、西郷は、

「われわれは軍人であって、礼儀作法などはいっこうに存じませせぬ。もし粗忽があったときは、なにとぞお許しください」

と、いきなり両手でスープ皿を持ち、口をつけて、チュウチュウと音を立てて吸い始めたのでした。

全員、唖然としたそうですが、それはそれでその日の晩餐会では誰もマナーを口うるさく言われなかったとか。

(徳川宗英『徳川家に伝わる徳川四百年の内緒話　ライバル敵将篇』文春文庫、二〇〇五年)


こちらは御存じでしょうか。

西郷が宮内省を訪ねた折、門鑑を忘れてしまいました。門鑑とは通行許可証のことです。門番に事情を説明して頼みましたが、入れてもらえません。折悪しく雨が降ってきたので、軒下に立って、雨宿りをしていました。

そこに岩倉具視《ともみ》が馬車に乗ってやってきました。

「こんなところで何を?」

「いや、門鑑を忘れてしもうて」

岩倉は顔色を変えました。

「馬鹿者、この方は陸軍大将だ。門艦もへったくれもあるか!」

ようやく西郷は中に入れてもらえました。


(同右)

清貧で、規律を重んじる西郷さんの人柄が伝わってきます。どうしてこういうエピソードが残るかというと、明治新政府の役人には奢侈に流れる傾向があり、それに対する反感があったのです。特に長州系の連中がひどかったといいます。薩摩も、西郷や大久保はともかく、下の人間はとやかく言えませんが。大久保自身が、「薩摩の人間は戦には向いているが、政治には向いていない」との言葉を残しています。

幕末政局十五年。薩長は、関ヶ原の敗戦以来の恨みを晴らしたのです。徳川の天下をひっくり返し、緊張の糸が切れていたのです。そうした薩長政権は「有司専制」と批判されました。「お前らだけで勝手に政治をやっているんじゃないよ。私利私欲の連中が！」という意味です。

大分の中津藩出身の福沢諭吉が薩長新政府に絶望し、「次世代の若者を育てるしかない」と慶応義塾を設立したのはあまりにも有名な事実です。

明治維新を見ることなく早逝した高杉晋作や坂本龍馬が人気になるのも明治の早い段階です。「高杉さんさえ生きていれば、お前らなんてデカイ顔できなかっただろう」「龍馬がいなければ、薩長なんて仇敵どうしじゃないか」という訳です。もっとも、高杉や龍馬が生きていれば、率先して腐敗の限りを尽くしたような気がしますが……。

それはさておき、新政府に不満を抱く人々から信望を集めたのが西郷なのです。

そして、明治十年に西南の役の首謀者に祭り上げられます。この時、意外なところで意外な反応がありました。

江戸は明治に東京と改称されますが、二百六十年余の長きにわたり将軍のお膝元でした。その誇りを持ち続けた江戸っ子にとってみれば、薩長出身者が徳川家に代わって政権の座に就いた事実を、そう簡単には受け入れられませんでした。

西南の役が起こると、こぞって西郷を応援したそうです。このときの西郷は反政府の象徴だったのです。

「西郷さんに勝ってもらわなければ」

「西郷さんが負けたらどうしよう」

というのが東京の空気だったそうです。

(安藤優一郎『幕末維新　消された歴史　武士の言い分　江戸っ子の言い分』日本経済新聞出版社、二〇〇九年、二五六〜二五九頁)


西南の役では、政府の高官や実際に戦う軍人も、多くが西郷の世話になった人たちばかりでした。本音では、戦いたくなかったのです。

その気持ちは、「抜刀隊」の歌詞に現れています。

「我は官軍、我が敵は〜、天地容《い》れざる朝敵ぞ〜

敵の大将たる者は〜、古今無双の英雄で〜」

　この歌、よくよく聞いていると、敵のことを逆賊であると落としておきながら、続いて「古今無双の英雄で〜」と、西郷のことは、持ち上げているのです。一番の歌詞は延々と「持ち上げたり落としたり」を繰り返しています。もちろん、この歌は西南戦争より後の明治十五年（一八八二年）に発表された作品で、これを歌いながら抜刀隊が行進していたわけではありませんが、みんな、「西郷さん」が好きなのです。

　逆賊であるはずの西郷がタブーとならなかったのは、生前の人柄が知れ渡っていただけではないでしょう。明治天皇も大の西郷ファンでした。

　明治五年、明治天皇は西国巡幸のため、軍艦で東京を出発されました。随伴の西郷は、その最高責任者でした。しかし、熊本から出発のとき御乗船時刻が干潮のためひどく遅れてしまいました。西郷は潮流干満の測定を誤った海軍少輔《しょうふ》川村純義を責め、激怒のあまり、その場にあったスイカを取って、庭に投げつけ、スイカは砕け飛び散りました。川村は西郷の義理の従弟です。

　天皇はこの様子を階上からご覧になっていらっしゃって、後年、当時を思い出して、そのときのことをよく話されたといいます。「あのときは西郷が怒ってのぅ」と。

ちなみに、明治六年に西郷が体調を崩したとき、天皇は大侍医岩佐純と御雇テオドール・ホフマン医師を西郷邸に遣わされています。

そして、明治十年の西南戦争で西郷は賊軍となりますが、天皇は数々のサボタージュをしています。日程変更を言い出し、引き込もり、乗馬や勉学を拒否しました。その背景として考えられることは、新政府の動きです。当時は西郷軍に対して、天皇親征の形がとられようとしていました。幕末の徳川慶喜《よしのぶ》追討同様の形式です。天皇は西郷軍と正面対決する、しかもご自分がその総大将になることなど耐えられなかったのではなかったかと思われます。

そして、明治二十二年、大日本帝国憲法が公布されるその日に西郷の罪は赦《ゆる》され、正三位が贈られます。その後、上野の西郷隆盛像建設の旨を聞こし召された天皇は建設費に充てるよう金五百円を賜われました。

（以上、『明治天皇　幕末明治激動の群像』新人物往来社、二〇〇二年、飛鳥井雅道『明治大帝』ちくまライブラリー、一九八九年）

名実ともに逆賊の汚名が晴れてからは、西郷は「日本人が一番好きな日本人」「日本人らしい日本人」「日本人の中の日本人」となります。

戦時中の話です。

中野正剛《せいごう》という、右翼だか左翼だかよくわからない政治家がいました。日米戦争が始まると中野は東条英機内閣を徹底批判し、遂に特別高等警察（特高）に検挙され、検察や憲兵の厳しい取り調べを受けます。そして釈放された日、割腹自殺を遂げました。中野は、ドイツ大使館から送られた等身大のヒトラーの油絵やムッソリーニの署名入り写真を部屋に掲げていたのですが、自決の日には、その額を外します。

机の上に楠木正成《まさしげ》の肖像画と雑賀博愛《さいがひろよし》『大西郷全伝』第二巻（大西郷全伝刊行会、一九三八年）を置いていたといいます。中野は、「俺は日本を見乍《なが》ら成仏する」と書き残しています（濱地政右衛門『憂国の士　中野正剛』海鳥社、二〇一〇年）。最後は日本人として死にたかったとの想いは伝わってきます。

敗戦で日本人の価値観は大きく揺らぎます。歴史観などは特に揺らぎました。戦前の皇国史観でこれでもかと持ち上げられていた楠木正成など、一時は「ただの悪党」呼ばわりまでされていました。さすがに、一時の行き過ぎた評価は修正されていますが、それでも歴史教科書ではマイナー人物扱いです。

ところが、西郷の方は戦後も一貫して重要人物であり、嫌われたことがありません。日本人は日本武尊《やまとたけるのみこと》や源義経の時代から「判官びいき」で、非業の最期を遂げた英雄には同情的ですが、西郷の熱狂的な人気は異常です。

西郷は鹿児島を中心に全国にファンが大勢います。その証拠に全国に無数の「西郷会」があります。

かくいう私も、その「西郷会」の一つに講演を依頼されることがありますが、テーマは決まっています。いかに西郷がすごかったか！　それしか言わせてもらえません。「西郷隆盛は世界史最大の偉人なのです！」「高杉晋作なんてどこの誰だ？　そいつが何の役に立った？」と真顔で聞かれて困ったこともありました。ちなみに、西郷は高杉と面識がありますが、大久保と高杉は直接会ったことがありません。

西郷会のノリはいろいろな意味で、すごいです。同郷人にも容赦がありません。

「大久保は西郷さんを裏切ったから許せない」

日本近代化の偉人も、この一言で終了です。

竹馬の友でありながら、最終的に西郷と敵対する形になり、事実上、西郷を死に追いやったと言ってもいい大久保がこう言われるのは、まあ、仕方ないでしょう。しかし、大久保への憎悪は、子々孫々まで及ぶと言わんばかりに「牧野伸顕《のぶあき》は東京に行ったから裏切り者だ」です。

牧野伸顕は大久保利通の次男ですが、養子に出され、姓が変わっています。外交官出身で、外相や内大臣を務め、晩年は昭和天皇の相談相手でした。牧野の回顧録を読むと、アイデンティティーは薩摩人なのですが、まったく認められていないようです。

さらに、三島通庸《みちつね》など〝東北人扱い〟です。自由民権運動を弾圧した人、として教科書には登場します。三島は薩摩生まれの薩摩育ち、正真正銘の薩摩人なのですが、山形県令や福島県令などを務め、東北で主に活躍した大久保系官僚なので、こういう扱いです。

もちろん､褒められる人もいます。「桐野利秋は最後まで西郷に従って死んだから偉い！」のだそうです。桐野は西南の役で西郷の最期を看取り、さらに戦って死んでいます。

ちなみに西郷会（の一つ）に講師として呼ばれて終わった後の飲み会で延々とこんな話を聞かされた私は、言ってやりました。

「じゃあ、あんた自分の会社の上司が桐野で、リストラされてもいいのか？」

どういう反応だったかは、言わぬが花でしょう。桐野は玉砕を主張し、その作戦の通りに西郷軍は全滅したのですから。

鹿児島での西郷の評価はこんな感じです。幕末明治の人物評は、西郷を中心に決まっていると言っても過言ではありません。結局、「西郷とその他」なのです。

可哀そうなのが、大久保です。主役でドラマ化されたことが一度しかありません。

NHK大河ドラマで幕末が扱われることは多いのですが、薩摩が舞台となることは長くありませんでした。

むしろ、日本テレビの年末ドラマ『田原坂《たばるざか》』（一九八七年）での近藤正臣の演技が印象的です。

史上唯一、大久保が主役を張ったテレビドラマは、NHK大河ドラマ『翔ぶが如く』（一九九〇年）です。はじめて幕末薩摩が舞台となり、大久保が主役となりました。ただし、西郷とのダブル主役でしたが。鹿賀丈史《かがたけし》さんの好演を覚えている方も多いでしょう。司馬遼太郎原作の小説『翔ぶが如く』はすでに一九七〇年代に連載されており、単行本も全七巻が七五～七六年には出ていたのですが、テレビの影響力は絶大と言う他ありません。NHKの発信力と小山内美江子さんの脚本、もちろん鹿賀さんの好演が大きかったと言えるでしょう。

来年の大河ドラマ『西郷《せご》どん』にも頑張ってほしいのですが、どうなることやら。

大河ドラマついでに言うと、宮﨑あおい主演の『篤姫』（二〇〇八年）は、西郷や大久保を取り立てた家老である小松帯刀《たてわき》の評価を高めました。イケメン俳優の瑛太の演技が評判だったのですが、小松帯刀の実像は『翔ぶが如く』の大橋吾郎の方が近いと思います。

サブカルチャーでも、「西郷さん」は人気です。

不世出の漫画原作者の梶原一騎の代表作に『タイガーマスク』があります（一九六八～七

一年に『週刊少年マガジン』などで連載)。

その中でも最高傑作とされる「覆面ワールドリーグ戦」に、西郷が登場します。作品を知らない読者の方のために解説しますと、タイガーマスクというのはもともと「虎の穴」という組織で鍛えられた悪役レスラーで、虎の覆面をして戦います。「虎の穴」というのは、ファイトマネーの五〇%を上納させるという悪役レスラー専門の養成所という設定です。最初は約束通りの金額を納めていた主人公タイガーマスクこと伊達直人でしたが、自分の育った孤児院の窮状を知り、「虎の穴」を裏切って、本来「虎の穴」に納めるべきだったファイトマネーをも孤児院に寄付することに決めます。裏切り者呼ばわりされながら、「虎の穴」の差し向ける刺客レスラーと戦い続けるタイガーマスクは、日本プロレス（今の新日本プロレスと全日本プロレスに分かれる前の前身の団体）の善玉レスラー、正しいレスラーとして戦おうとします。

そんなとき、孤児院の盲目の少女に光を与えようと、その手術代を手に入れるため、「虎の穴」主催の覆面ワールドリーグに参加します。覆面ワールドリーグとは、悪役レスラーだけを集め、反則やりほうだいという過酷なルールですが、優勝賞金は十万ドルと破格でした。タイガーは、日本プロレスを抜け、覆面ワールドリーグに参加することを決意します。

今度は、日本プロレスのレスラーたちから裏切り者と呼ばれます。タイガーマスクは正体を隠していますから、本当のことは言えません。怒りの表情のジャイアント馬場、アントニオ猪木や大木金太郎が去った後に、「ゆるしてくれ、馬場さん」と呻《うめ》くしかありません。マスコミからは「金のために裏切った」とバッシングされることとなります。

伊達直人の素顔に戻り街を彷徨っていたタイガーは、いつしか上野の西郷さんの銅像にたどりつきます。

銅像を見上げながら、伊達直人は呟《つぶや》きます。セリフをすべて原文ママで引用します。

西郷さん
日本の夜あけの明治維新につくしながら
どうしようもないじじょうから……
日本政府の軍とたたかい賊軍とよばれてうち死にした西郷隆盛……
しかしさいごまで日本を愛しぬいていた……その西郷さんの気もちが
いまのおれにはしみじみわかる……
お　おれも日本のプロレスを愛している　馬場さんたちがすきだっ……
しかし　あの人たちの目にはおれはもう敵だ！

原作者の梶原一騎は、「右翼的センチメンタリズム」と評されますが、西郷を実に効果的に使っています。

ちなみに、『翔ぶが如く』の脚本家の小山内美江子は、戦後民主主義を代表する『3年B組金八先生』が代表作で有名ですが、個人的な活動でもリベラル系の運動に積極的に参加しています。

時代を超えて右からも左からも愛される。

西郷は、最近は、会計ソフト「大蔵大臣」のイメージキャラクターにもなっています。私などは、国民が何人死ぬかわからないようなデフレ不況期の消費増税など、西郷に財務省へ乗り込んでいって止めてもらいたいと思います。逆に財務省の諸君は、西郷の政治力で増税してほしいとでも思うのでしょうか。

さて、ここまで「日本人に最も愛された日本人」としての西郷の人物像を紹介してきました。西郷については多くの事が語られ、誰からも好かれる〝いい人〟と思われているのは間違いありません。

しかし、それは表の顔です。

世の中、表があれば裏がある。一人の人間には多くの側面があるものです。

本書では、まるで語られてこなかった、「工作員」としての西郷隆盛の姿をご紹介したいと思います。

◉目次

第二章　若いうちに人脈を作る

第三章　挫折した時の勉強こそが糧

おわりに

第一章　インテリジェンスの基礎固め

少年藩士育成の郷中教育

本章では西郷の「工作員」の素地がどのようにして形成されたのかに迫るため、青年期の履歴を追いたいと思います。

西郷は、文政十（一八二七）年、鹿児島城下の加治屋町に生まれました。通称、吉之助です。幼馴染である大久保より、三歳年上です。

加治屋町からだけでも、西郷と大久保の他に、村田新八、大山巌《いわお》、東郷平八郎、山本権《ごん》兵衛《べえ》、樺山資紀《かばやますけのり》を輩出しています。

西郷も大久保も、薩摩藩の中下級武士の家に生まれ育ちました。極貧ではないけれども、裕福とも言えない家です。一応、名門の末席ぐらいの家格なのですが、役職についているために出費が多く、貧乏だったそうです。

薩摩には郷中《ごじゅう》教育という、独特な少年藩士の育成方法がありました。住んでいる地域ごとに、子供たちが独自の集団をなし、大人の指導は無く、年長者が年少者を指導し、学びつつ教え、教えつつ学ぶという教育です。郷中では文武両道はもちろん、弱い者いじめをしてはいけないなどの人の道、道徳も教わります。六歳から十五歳くらいまでで一つの集団を作ります。今で言うと、小中学生が常に集団行動をとるのです。年功序列で目上の人を敬うけれども、上の者が下の者に責任を以って指導する初等教育システムです。

当然、西郷は年を取るにつれ、若者たちのリーダーになりますが、この結束は明治維新まで続きます。

剣の道をあきらめる

大人になってからの西郷の身長は一七八センチ、体重は一一〇キロの巨漢です。当時の平均身長が一五五センチですから、平成の平均身長に合わせると「一九〇センチの大男」の感覚です。ちなみに、幕末有名人で身長がわかっている人をあげていくと、徳川慶喜が一五〇センチ、勝海舟は一五六センチ、中岡慎太郎が一五三センチです。

とはいうものの、薩摩は大柄な人がずらりと並びます。大久保利通は一七五センチ、小松帯刀が一七六センチ、桐野利秋が一七七センチなのはまだ小さい方で、川路利良《としよし》が一八〇センチ、村田新八は一八二センチ、島津忠義に至っては一八五センチを超えていたと言います。さらに、篤姫は一五五センチで当時の女性の平均身長より五センチ高く、西郷の最後の妻のイトは一五〇センチ、二番目の妻の愛加那《あいかな》は一五五センチです。西郷は大柄な女性が好みでした（以上、身長に関しては、原口泉『西郷どんとよばれた男』NHK出版、二〇一七年より）。

西郷十三歳の時、事件が起こります。けんかの仲裁をした際、右腕の腱を切ってしまいました。西郷は剣の道に進みたかったようですが、この怪我であきらめ、学問で身を立てようと決意したと言います。

側室十五人、将軍家斉の政略

西郷が生まれた文政十年は、政治においては「大御所時代」と呼ばれ、徳川家斉《いえなり》が十一代将軍として権勢を誇っていました。家斉に関しては、小泉俊一郎『徳川十一代家斉の真実—史上最強の征夷大将軍』(グラフ社、二〇〇九年)というその名もズバリの本があるので、ご興味がある方はどうぞ。家斉は天保八(一八三七)年に将軍職を家慶《いえよし》に譲ってからも、四年後に死ぬまで大御所として実権を握ります。家斉が将軍、次いで大御所として権勢を誇った「大御所時代」に、西郷は十歳までの幼少期を過ごすこととなります。

家斉が権力をどのように有効利用したかについては極めて疑義がありますが、どれほどの権力を握ったかに限れば「史上最強の征夷大将軍」の名は大げさではないでしょう。家斉は、艶福家で有名でした。正室の他に、特定できるだけで十五人の側室を持ち、二十六男二十七女を産ませました。その内、二十八人が無事に成長し、全国の大名家に嫁いだり、養子に入ったりしました。結果、当時の老中の仕事の大半は嫁ぎ先や養子の先を探し、話をまとめることになります。

嫁入り先や婿入り先を探すのが仕事か、と笑いたくなりますが、いつの時代でも政治家の結婚は、政治なのです。受け入れた大名家は、将軍家の親戚ということで、恩恵を被ります。たとえば、支度金やらなんやらの名目で経済援助も受けられるようになります。また、家格が上がります。家格が上がるということは、同じ石高の大名よりも格上になるということです。諸大名は競って将軍家との婚礼を結ぼうとします。これは将軍家斉から見れば自分への忠誠競争であり、大名への統制をしやすくなるということです。

ちなみに有名な東大の赤門は、加賀前田家が家斉の二十一女溶姫《ようひめ》を迎えるために建てた屋敷の正門跡です。

経済や文化は、江戸三百年の太平を通じて、絶頂期でした。この時期の年号は文化と文政ですが、合わせて「化政文化」と呼ばれます。国学、漢学、洋学と、学問も盛んでした。

それでも、家斉の治世末期には徳川将軍家支配の矛盾が徐々に見え隠れしてきます。

天保十一（一八四〇）年、隣国でアヘン戦争（英清戦争）が勃発します。大清帝国は日本の隣国の大帝国ですが、その日本よりも大きな国が理不尽にも「密売品のアヘンを役人が押収して焼却した」という因縁をつけられ、国を焼かれました。これに当の清国以上に、日本の幕閣や知識人の方が危機感を抱きます。しかし、家斉が大御所として君臨する体制では、何もできません。

斉興・斉彬親子の派閥抗争

天保十二（一八四一）年、家斉が死去するや、十二代将軍家慶は老中水野忠邦の始めた改革を支持します。世に言う、天保の改革です。しかし、改革が二年で挫折すると、家慶は老中阿部正弘に政権を委ねます。当時、二十五歳の青年政治家が、薩摩にも日本にも大きな影響を与えていくこととなります。

経済の面でも行き詰まりを見せます。大御所時代は絢爛豪華な文化が成熟していましたが、それだけに奢侈に流れる風潮があり、全国の藩が財政難に苦しんでいました。

薩摩藩も御多分に漏れません。五百万両もの借金があり、破産寸前でした。今の価格で、五千億円の借金があると考えてください。

ちょうど西郷が生まれた文政十年に薩摩藩で行財政改革を始めるのが、調所《ずしょ》笑左衛門広郷です。笑左衛門は金貸しの商人たちを集め、「二百五十年払い」を一方的に宣言し、認めさせた逸話で知られます。ちなみに顚末ですが、幕府に黙って琉球との密貿易で巨額の利益を上げ、薩摩に二百五十万両の貯蓄をもたらし、商人たちに利権をばら撒きました。やり手です。それだけに、敵も多くいました。

笑左衛門は藩主の島津斉興《なりおき》の腹心でしたが、次期藩主と目された斉彬《なりあきら》と反目していました。斉興と斉彬は親子で派閥抗争を繰り広げることとなります。争点は三つです。

第一は、笑左衛門の改革をめぐる路線対立です。これは琉球との密貿易が幕府に漏れ、笑左衛門が切腹に追い込まれました。斉彬は老中の阿部正弘の後ろ盾で、調所派の追い落としをはかりました。

第二は、斉彬の「蘭癖」です。つまり、洋学趣味です。斉興の先々代重豪《しげひで》が蘭癖で、造士館などの文教施設を次々と創設するなど開化政策をとり、そのため藩の財政を圧迫しました。重豪は晩年に調所笑左衛門を登用するまでは、かなりの放漫財政を続けました。斉興は、蘭癖の斉彬が重豪のように放漫財政を再現することを恐れたのです。この警戒は当たっていて、藩主になってからの斉彬は、洋式造船・反射炉・溶鉱炉の建設、地雷水雷・ガラス・ガス灯の製造などを行うこととなります。斉彬に言わせれば、放漫ではなく、富国強兵の積極財政なのでしょうが。

第三は、斉興の寵愛を一身に集めた側室のお由羅をめぐる確執です。斉興と斉彬は実の親子でありながら、その対立は抜き差しならなくなりました。本人たちもそうですが、それぞれに派閥ができるのです。火に油を注いだのが、お由羅です。斉興は嫡子の斉彬を廃し、お由羅の子の久光を後継者にしようと考えはじめます。ついでに言うと久光は学問熱心で国学と漢学は修めていましたが、蘭学には関心を示しませんでした。

両者の対立は、「お由羅騒動」として爆発します。

終生お由羅を憎んだ西郷

嘉永二(一八四九)年、暮れ。斉彬は四十歳になっていましたが、藩主の地位を譲ってもらえません。この時代、後継者が元服してある程度の時間が経てば、藩主を交代するのが通例です。OJT(On the Job Training)も兼ねて。五十八歳の斉興が居座るのは当然、斉彬を信用していないからです。このままでは、廃嫡されるのではないか?

痺れを切らした斉彬派は、お由羅暗殺計画を立てます。しかし、謀反は直ぐに露見、首謀者は厳重に処罰されます。ということになっていますが、だとしたら計画があまりにも杜撰です。むしろ斉興派が先手を打った陰謀と考える方が自然でしょう。主だった者だけで十四名が切腹、九名が遠島となりました。切腹を命じられた十四名の中に西郷とも親しかった赤山靱負《ゆきえ》がいました。

大久保利通の父も、この事件に巻き込まれて喜界島へ流されています。このとき、大久保家は大変に困窮し、西郷家が中心になって助けています。西郷と大久保は家族ぐるみの付き合いですが、どちらか片方が苦境に陥ると、もう一方が助ける関係です。

このように西郷の周囲には、お由羅騒動に巻き込まれた人物が多々いる上、後の主君斉彬が廃嫡の危機に陥ったのですから、西郷は終生、お由羅を憎んでいました。西郷は感情の起伏と人の好き嫌いが激しい人でした。

工作員の素地を培った精忠組

お由羅騒動の最中、西郷は二十三歳です。向かい風の中、西郷はどうしていたか。もともと学問で身を立てようと思っていたのですが、ますます熱心になっていきます。西郷は大久保や有村俊斎（海江田《かえだ》信義）、吉井友実《ともざね》、伊地知《いじち》正治、税所篤《さいしょ》などと、読書会に励むようになります。斉彬の擁立と藩政改革をめざし、勉強しようというのです。

これが後の精忠組（誠忠組とも）です。ちなみに精忠組と自ら名乗ったわけではなく、時の藩主茂久と国父久光が直筆で諭した書に「精忠士面々へ」、つまり、お前たちは精忠のものであるとあったことから、そう呼ばれるようになりました。

西郷は、朱子学の教科書である『近思録』を教科書に選びました。本書の主題である「工作員」の素地は、ここで培われます。西郷は幕末政局で巨大な人脈を築きますが、そのネットワーク作りに際し、共通の学問をした仲間というのは、財産であり、政治的な武器となりました。では、なぜ武器たりえたのか。

目的を持っていたからです。自分の学問を役に立てるぞ、と。具体的には斉彬擁立と藩政改革です。ただ闇雲に勉強しているのではないのです。ましてや、知識を増やせばいいという詰め込みではありません。仲間とともに、「社会の役に立てるのだ」という問題意識で勉強している。だから、軸を見失わないのです。

幕末の志ある人たちは、学問でつながっているのです。それは学問を継承するという意味だけでなく、共通の教養を共有しているということなのです。平たく言うと、政治に関わる人が学問をしているのとしていないのとでは、会話もまるで違ってくるのです。

そうして学問をしながら力を蓄え、時を待っていると、風向きが変わりました。

幕府が薩摩の派閥抗争に介入し、斉彬擁立に動いたのです。斉彬は江戸屋敷の生まれで、老中阿部正弘をはじめ、幕府に多くの友人がいました。嘉永四（一八五一）年二月、幕府の圧力で斉興は引退に追い込まれ、斉彬がようやく藩主に就きます。

西郷は意見書を提出しましたが、これが藩政改革に取り組む斉彬の目に留まります。西郷が仲間たちと一緒に勉強したことを活かす日は、意外に早くやってきました。

ちなみに、騒動の張本人のお由羅は、多くの薩摩人から憎まれていたにもかかわらず、斉彬が藩主になっても特に報復されることも無く、天寿を全うしています。

「最大の外様大名」薩摩

薩摩藩は、最大の外様大名です。ただし、名実ともに、ではないのが面白いところですが。幕末政局を理解するうえで必要な知識ですので、少しだけ詳しく解説します。

最大の外様大名と言えば加賀百万石の前田家ではないか、教科書にはそう書いてある、と思われた方がほとんどでしょう。確かに、形式的にはその通りです。でも、当時の大名仲間の感覚では、「別枠」なのです。はっきり言いますが、前田家は関ヶ原の戦いの前で終わっている大名なのです。

豊臣秀吉の重臣だった利家こそ、徳川家康に対抗できる唯一の人物とも目されていました。しかし、利家が病死するや、息子の利常は、母親を人質に差し出し、媚びへつらって生きる安穏の道を選びました。幕末を通じて、主体的に動くことはありません。

だから、江戸期を通じて、外様の二大雄藩は、東の伊達と西の島津と目されました。

仙台伊達家は言うまでも無く、天下の副将軍を自任した政宗の子孫。六十二万石を誇ります。江戸期を通じて仙台は米所ですから、実質は百万石で、最大の雄藩と目されました。ただ、政宗以来の政治性は、幕末においては分家の宇和島の方が発揮しました。賢侯と称された伊達宗城《むねなり》は、宇和島の藩主です。さりながら宇和島は十万石の家柄です。発言力には限界がありました。

薩摩は関ヶ原の負け組でありながら、遠方にあるという地の利を生かした巧みな外交で、石高を減らされませんでした。とはいうものの、これは痛し痒しで、薩摩は農業に関しては不毛の地です（だから、サツマイモのような不毛の地に特有の作物を必要とした）。七十七万石と威張るものの実質は足りず、見栄を張っていたのです。

薩摩の得意は経済ではなく、政治です。江戸期を通じて将軍正室は内親王か公家の娘から迎えるのが通例で、外様大名家から迎えるなど論外と思われていました。しかし、一橋家斉が将軍になる際に、婚約者だった広大院篤姫が正室となったことで、この慣例が破られます。重豪が押し込んだのです。さらに十三代家定の正室に、斉彬が天璋院篤姫を送り込みました。形式は、近衛家の養女という形でしたが。

お由羅騒動という権力闘争を勝ち抜いて藩主の地位をつかんだ斉彬は江戸生まれの開明的な知識人で、幕閣有力者に多くの仲間がいました。しかも時は幕末、薩摩が支配する琉球には、欧米の国々がしばしば押し寄せています。長い大御所時代には国防政策はまったくの手つかずでしたから、若い改革政治家である阿部正弘は斉彬の力と識見を必要としたのです。

以上のような背景があり、幕末政局において薩摩は常に「最大の外様大名」と目されていたのです。

デブ専だった西郷

嘉永五（一八五二）年、西郷は伊集院兼寛《かねひろ》の姉スガと最初の結婚をします。この時の西郷は郡方書役助《こおりかたかきやくたすけ》という中級役人です。いわば、しがない公務員です。下手に役付きなので支出が多くて家計が大変ということはよくある話ですが、西郷家もそういう状態だったようです。

嘉永六（一八五三）年、太平の眠りを覚ますコモドア・ペリーが浦賀に来航し、幕府に開国を要求します。ペリーはいったん引き上げますが、その翌年正月に再び浦賀にやってきます。

西郷が斉彬に取り立てられるのはこの頃です。御庭方として、常に斉彬に近侍することとなります。政治家の秘書のような役回りで、幕府の御庭番に倣って斉彬が新設した役職でした。

安藤優一郎『西郷隆盛伝説の虚実』（日本経済新聞出版社、二〇一四年、四五〜四六頁）によると、御庭方とは次のような仕事だそうです。

〔幕府の〕御庭番の任務とは、将軍やその側近である御側《おそば》御用取次の指令を受けて、諸大名の動静や幕府役人の行状、あるいは世情の動向に関する情報収集を行ない、その調査結果を風聞書《ふうぶんがき》として報告することであった。八代将軍徳川吉宗《よしむね》が創設した役職である。普段は将軍の庭を管理する番所に詰めていたことから、御庭番と呼ばれた。〔薩摩〕藩の職制から言うと、御庭方の身分は低い。しかし、藩主との距離は非常に近かった。一般の藩士の場合、藩主に拝謁するには家老や側近の許可を得るなどの面倒な手続きが必要だったが、御庭方ならば庭先で容易に拝謁できた。藩主にしても、自分の意思をたやすく伝えられる利点があった。

こうして斉彬は御庭方の西郷に機密に関わる事柄を託すようになる。自由に動けない自分の代わりに水戸藩邸や福井藩邸に赴かせ、西郷をしてその意思を伝えさせたのだ。

要するに、幕府実力者や他の有力大名、公家など関係者のところに出入りし、人脈を作り情報を収集する役目です。

西郷は斉彬と共に、江戸に出府します。

しかし、斉彬に見出され、出世街道に乗って順風満帆……といきそうな仕事面とは裏腹に、私生活は不幸続きでした。この時期の西郷家は、出世によって出費がかさみ、なおさら貧乏になってしまいます。現代でも交際費が全部経費で落ちないのと同じです。

民間企業でも営業さんは取引先におごることはあるでしょうが、「いつも一方的にタカル奴」「たまにお礼をする奴」「経費で割り勘にする奴」「自腹でおごってくれる奴」で信頼関係に差があるのは当然です。情報（インテリジェンス）の世界でも同じです。

決して豊かではない当時の西郷の収入で毎回のように大盤振る舞いしていたとは思えませんが、それでもちゃんとした付き合いをしていたら、お金は羽が生えている感覚で飛んでいくものです。

ある程度以上の身分の男の付き合いとなると、芸者《ホステス》のいる店に行くのが普通です。ついでに言うと、そういう場では、妻子を忘れて羽目を外さない人間は「心を許していない奴」という扱いになります。「仕事だから割り切ってやっている」という態度を示したら、接待としては失敗です。する側でも、される側でも。

斉彬は西郷を京都や大坂へもしょっちゅう出張させます。こうした際、遊び回っています。女遊びもしていました。今で言う〝デブ専〟だったそうです。祇園のお気に入りの仲居に「豚姫」と名付けていました。今だったら間違いなく引っぱたかれるでしょうが、言われた方も喜んでいたようでした。昔は女も男も、ある程度太っていたほうが「ふくよかである」「貫禄がある」と評価されていました。二人の関係は、歌舞伎の演目の「西郷と豚姫」となって伝わっています。

では、奥さんの立場で、そんな旦那の生活がどう見えるか。やるせないでしょう。

しかも、不幸は重なります。結婚した年の九月には父が死去。そして、その二ヵ月後に母も亡くなります。そして、江戸に出府するということは単身赴任ですから、残された新妻は一人で義理の弟や妹たちの世話など西郷家を切り盛りしなければなりませんでした。

結局、西郷とスガは、結婚の二年後には離婚となりました。

人脈作りに励む

西郷隆盛は斉彬の秘書として召し抱えられ、幕末の有名人と片っ端から知り合いになります。主なところで橋本左内《さない》、梅田雲浜《うんぴん》、武田耕雲斎、藤田東湖、白石正一郎、長岡監物《けんもつ》などです。以下、簡単に紹介しておきましょう。

橋本左内（一八三四〜五九）は、福井藩主松平春嶽（慶永）の懐刀で、切れ者と評判でした。緒方洪庵の適塾で優等生の儒学者で、攘夷派です。藩校明道館内に洋書習学所を設けるなど学制改革・藩政刷新に尽力して信頼を得ました。安政の大獄で刑死することとなります。なお、戦前皇国史観のチャンピオンとも言うべき歴史学者の平泉澄《きよし》の遺作が『首丘の人　大西郷』（原書房、一九八六年）ですが、そこで西郷を超える偉人として激賞されているのが、左内です。

梅田雲浜（一八一五～五九）は、若狭国小浜藩士です。嘉永三（一八五〇）年に海防策についての意見を上奏したところ、藩政批判として士籍を削られ、浪人学者となりました。生活困難に陥りますが、尊皇攘夷を唱え、吉田松陰などとも交渉を持つにいたります。安政の大獄が始まるや、他の志士に先んじて捕らえられ、江戸に送られ、取り調べ中に病死することとなります。

武田耕雲斎（一八〇四～六五）は、徳川斉昭の水戸藩主擁立に尽力した功から、藩政に参画します。改革派に属して活躍。と言えば聞こえはいいですが、水戸の右翼で、斉昭の死後、天狗党の乱を起こし、敦賀で斬罪に処せられます。いわば、テロリストでした。とはいうものの、明治維新に勝ち残れなかったからの評価であり、仮に結果を残せなければ吉田松陰や奇兵隊なども、天狗党程度の評価しか与えられなかったでしょう。

同じ水戸藩の藤田東湖（一八〇六～五五）に、西郷は心酔しています。この人も斉昭の厚い信頼を得ます。藩政刷新・軍備充実を訴える改革派です。水戸学を全国的に広める役割も果たした尊皇派で、安政の大地震で自分の蔵書に埋もれて圧死することとなります。

白石正一郎（一八一二～八〇）は、長州の商人です。主に高杉晋作のスポンサーです。高杉が女性問題で窮地に陥るたびに、庇ってあげた人です。人格者として知られていました。幕末の志士たちが下関を通ると必ずこの人のところに立ち寄り、厚遇されています。西郷も世話になっています。高杉が奇兵隊を結成したのも、白石邸です。長州の尊攘運動を後援し、すっかり身代をすり減らしてしまいます。明治になってからは、神主になっています。長岡監物（一八一三〜五九）は、肥後国熊本藩の家老です。本名は是容《これかた》ですが、この家では代々家督と同時に長岡監物を襲名します。儒学者で、横井小楠《しょうなん》と同学です。

リアリスティックな視点

しばしば、幕末は「尊皇攘夷」と「開国佐幕」の争いと言われるのですが、その見方は単純すぎます。今挙げた人の中には、開国派も攘夷派もいます。また、それぞれ時期により意見が変わることもあります。

当たり前ですが、いかなる尊皇派も「討幕」は口にできません。それ自体が、謀反の証拠ですから。「討幕」が要路者の間でまことしやかにささやかれるようになる、公然と唱えられるようになる、ということ自体が、幕末における幕府権力弱体化のバロメーターなのです。それは追い追い、見ていきましょう。

では、開国か攘夷か。攘夷派がエキセントリックで、幕府の弱腰を批判するために尊皇を持ち出すという例は多々あります。しかし、原理主義的な尊皇攘夷を思想として抱いている人が何人いるか。たとえば、尊皇攘夷の過激派の巣窟とみられていた水戸とて、烈公こと藩主の斉昭《なりあき》からして本当は開国派でした。大御所時代以来の太平に慣れ、あまりにも危機意識が薄い幕閣と世論に警鐘を鳴らし、外国の脅威を伝えるために攘夷論を絶叫している内に、いつの間にか過激派に祭り上げられていたのが真相です。

政策など、その人や属する組織の政治的立場で入れ替わることもある。そうしたリアリスティックな視点を抱いていたのが、西郷でした。

この時期の西郷は、尊皇派だろうが佐幕派だろうが、攘夷派だろうが開国派だろうが、家老だろうが中級武士だろうが、人物本位で人脈を作っています。ここでは史料に残る主だった人だけをあげましたが、この時期に築いた人脈が、幕末を通じて西郷の財産になっていきます。

西郷の懐の深さを否定する人はいませんが、政策が違うからと付き合いをしない、ということはないのです。

ちなみに、後に一緒に入水する尊皇攘夷派のお坊さんの月照と出会って親交を深めるのもこの頃です。

諜報活動の基礎は人脈

人脈というのは、当然のことながら、インテリジェンス（諜報活動）の基礎です。スパイということ、人を裏切るのが仕事と勘違いしている人がいますが、そのようなことは一生に一回あるかどうかです。裏切ってしまったら、当然、それまでの人間関係が全部帳消しになってしまいますから、少なくとも関係各人につき一回だけしか裏切れないものです。実際の活動では、人と信頼関係を築き、そこから情報を取るのがスパイの仕事なのです。つまり、スパイ工作とは、娯楽映画のようにおどろおどろしいことよりも、親密な人間関係を作って、お金を渡すような地味な活動が多いのです。暗殺など、めったに行いません。

幕末と言うと、「テロリストの尊皇攘夷派を、もっと過激な暴力警察集団の新撰組が追いかけて、斬り合い、殺し合いをする」などという、殺伐としたイメージがあると思います。それは一面です。暗殺は敵の力を削ぐためにやるものであって、暗殺そのもので権力を握れることはありません。では、権力を握る方法は何か。

幕末政治において、軍隊を動かして戦をするのは最終局面になってからです。慶応三（一八六七）年までは、「いつ起きるのか」という緊張感はありますが、戦そのものは起きていません。現代民主主義国家のように、選挙で政権担当者を決める訳ではありません。江戸時代は身分制社会ですから、基本は世襲です。しかし、権力の座に座ることと、権力を振るうことは別です。権力を振るう条件とは、影響力を持つことです。だから、人脈を作り、味方を作ることが大事なのです。

ここで、インテリジェンスの基本事項を二つ、お話ししておきましょう。「基本」とは「特殊な事ではないが、いつまでも忘れてはならない大事な事」であって、「初歩」「入門」とは似て非なるものです。こういうことを知らないで、幕末政治など理解できるはずがないですから。

一つは、政敵に暗殺されない方法です。その最大の方法は、「敵に利用価値があると思われる」ことです。もちろん、個人的に恨みを買うなどは論外ですが、情報の世界に身を置く住人は、お互いに背負っている組織があり、利害が異なるポジションを背負っていると承知し合っているのです（していなければ狂人扱いされる）。心の底からわかり合えて一枚岩になることなど無いのです。だからこそ、お互いの利益になるような信頼関係を築こうとするのです。具体的には、情報の交換です。「ここまでは出していい」「ここからは聞かないでほしい」という、暗黙の了解《ルール》の下で。その了解が成立していることは、信頼関係が構築されている証ではあるのですが。

中国人などは、これが得意です。「自分を殺すと、アンタも損をするぞ」と思わせます。中国人の派閥など一瞬にして入れ替わりますから、昨日の主流派が明日の非主流派です。非主流派であっても殺されないようにするには、何でもいいので「自分を殺すと、アンタも損をするぞ」と思わせることです。

ちなみに、引退したスパイが回顧録を残すこともあります。イギリスでは、日常的な光景です。その理由は、「カバーストーリー」を定着させるためです。真相を隠したい場合、みんなが信じそうな筋の通ったストーリーを流すことで、元の雇い主の利益になることがあるのです（イギリスの場合、国益を意識して書かれる）。しかもよくできたカバーストーリーの場合、ほとんどが本当のことです。もちろん、「もう表に出してもいい話」だけですが。そして時々、嘘を混ぜる。何より、より大事な本当のことは、存在そのものを隠す。そうした回顧録を残すことは、「もう自分は引退した。あんたたちの不利益なことをするつもりはない」との宣言なのです。そうして暗殺に怯えなくていいリタイア生活を送る、という算段です。

立場が異なる敵とも信頼関係を築く。これがインテリジェンスなのです。

「中立」は命懸け

もう一つ、幕末政治を知るうえでの基本事項です。「中立」とは何か、です。

日本人は、「中立」を「対立する両方の味方」と勘違いしているところがあります。たとえば、「非武装中立」というと、対立するアメリカからも、中国や北朝鮮からも味方だと思ってもらえると勘違いしている人がいるかもしれません。

しかし、日米は安保条約で軍事同盟国です。それを、同盟を捨てて中立になるなど、味方が減るアメリカにだけ一方的に不利で、中国や北朝鮮には笑いが止まらない話です。つまり、同盟を捨てて中立を選ぶなど、昨日までの同盟者への敵対行為に他ならないのです。これは国でたとえましたが、個人の人間関係でも同じです。

そもそも、中立とは「対立する両方の敵」なのです。国際法における中立の概念については、小著『国際法で読み解く世界史の真実』（ＰＨＰ研究所、二〇一六年）で、縷々説明しておきましたが、別の言い方をすれば、「どっちにも味方しない」です。一方に肩入れするようなことをしない、仮に一方に協力を求められても拒絶できる意思と能力があること。これが中立の条件です。対立する双方に文句を言わせない実力があって、はじめて中立は可能なのです。

一般論ですが、「みんなにいい顔をするのが大人の態度だ」と勘違いする人がいます。それで「中立」を守りきれれば大したものですが、世の中そうは上手くいきません。「どっちにもいい顔をする」「世渡り上手を気取る」「すぐに人を裏切って生き残る」とは、どういうものか。そういう立ち居振る舞いは、命懸けなのです。

まさに、それをテーマに書いたのが『倉山満が読み解く太平記の時代』『倉山満が読み解く足利の時代』（いずれも青林堂、二〇一六～一七年）です。この二冊は、「幕末の志士たちはどんな教養や歴史認識を持っていたか」という観点で南北朝時代を描いた本でもあります。

工作員の原理原則

では、西郷のやっていることは何なのか。

西郷ネットワークには、狂信的な尊皇派もいれば、尊皇などとは無縁の人もいる。攘夷派も開国派もいれば、家老も中級下級武士もいる。一見、統一性のない人々と付き合っているように見えますが、実は一本筋が通っています。西郷が重視したこと、それは改革派であることです。みな、各地で藩政改革を推進した有力者であり、立場が違えど国を想う有志なのです。

西郷は、「みんな」にいい顔をしているように見えて、実はその「みんな」、文字通りのみんなではないのです。主義主張が異なる人々と仲良くできる懐の広い人、西郷は一面では確かにそうですが、この人には原理原則があるのです。しかし、絶対に人には言わず、気づく人だけが、気づく。自分の本音は決して口に出しません。

本当の意味での「中立」を貫くには条件があります。自分の立場が強いことと、筋を通すことです。

西郷は外様最大の薩摩島津家、はっきり言えば斉彬の後ろ盾で、斉彬の意向で動いているのです。実際、西郷自身が犬のように忠実に斉彬に尽くしました。これ以上ないほど、立場は明確です。攘夷派も開国派も、西郷と仲良くすることは利益なのです。ついでに言うと、自分と反対の立場の人間と仲良くしているということは、そちらへのチャンネルでもありますす。いざという時に、敵に自分の意思を伝えるということは重要になりますし。

人間関係において、「付き合う人間を選べ」「周りにいる人間で判断される」と、よく言われます。西郷の場合は誰かれなく無節操に付き合っている訳ではありません。むしろ、お由羅に対する態度で見せたように、よく言えば正義感が強い、悪く言えば激情家で人の好き嫌いが激しい人物です。だからこそ、敵と仲良くしていても自分に対する利敵行為はするはずがないと、対立する双方から信頼されるのです。

これに西郷の日頃の振る舞い、立場が弱い者に威張ることも、誰かに媚びへつらうこともなく、堂々としていることが生きてきます。薩摩人特有の巨漢、偉丈夫というのも有利に働いたでしょう（勝海舟や坂本龍馬は、外見を褒めている）。

こうした基本事項が、「工作員」西郷隆盛の土台ですので、押さえておいてください。

第二章　若いうちに人脈を作る

伝説のスパイ、明石元二郎

その昔、あるバラエティー番組に「元CIAの工作員《スパイ》」という人が出ていました。顔出しNGで、声だけの出演でした。

いろいろインタビューを受けていたのですが、そのやりとりの中で「アメリカのCIAは世界のトップクラスから比べると、ワンランク落ちる」という話になりました。トップクラスとは、イスラエルのモサド、イギリスのMI6、旧ソ連のKGBだとのことです。その後の司会者とのやりとりには、苦笑いしました。

司会者「では、日本はどうですか」
工作員「昔はすごかったですよ」
司会者「どれくらい昔ですか」
工作員「明石元二郎《もとじろう》のことは、教科書で習いました」

明石元二郎は、日露戦争を勝利に導いたとされる伝説のスパイです。昔は工作員のことをスパイと言いましたが、最近は、インテリジェンス・オフィサーと呼ぶ書籍が多いようです。出版の世界でも、インテリジェンス（諜報）という言葉が流行っています。大規模書店に行けば、必ずインテリジェンスのコーナーがあるような状態です。

では、インテリジェンスとは何なのでしょうか。

言葉の意味そのものは、「知性」「知見」あるいは「知性や知見を持つ人」という意味です。知性ある人の意味の「インテリ」と同じ語源です。情報には二種類あって、informationもintelligenceもどちらも「情報」と訳すけれども、informationとは生情報のことで単なる素材であり、intelligenceこそが分析されて判断が下された真の情報だと、どの本にも書いてあります。要するに、昔は「スパイ（諜報員）」と言っていたのが、「インテリジェンス」と変わった訳です。その両者の関係ですが、インテリジェンスを使う人がスパイです。

一般に、「スパイ」とか「インテリジェンス」と聞くと、「情報を取ってくる人」「情報を取り、解析する能力」と思われています。それはそれで間違いではないのですが、すべてではありません。大事な本質が抜けています。

そもそも、何のために情報を取ってきて解析するのでしょうか。情報を取ってくるのはタダではありませんし、時に命懸けです。なぜ、そこまでして情報を取るのでしょうか？　相手に言うことを聞かせるため、コントロールするためです。

そのわかりやすい例が、それこそ明石元二郎です。

明石はロシアに入り込み、命懸けで情報を獲得して回りました。のみならず、ロシア帝国内の反政府派と人脈を作り、最後は彼らに革命を起こさせました。この時の革命騒動に手を焼いたロシア政府が日本との和議に応じたのは、世界のインテリジェンス史に残る偉業とされています。

インテリジェンスとは、相手を己の意思でコントロールする工作なのです。

米艦隊を追い返した「祖法」

本書が題名で「工作員」と銘打っている理由が、おわかりでしょう。本書の主人公である西郷隆盛は、島津斉彬の工作員です。斉彬の意思を実現するために、人脈を作り、情報を取っていたのです。そして、西郷自身の能力が高まるにつれ、「工作」する局面も増えていきます。

まずは、西郷が斉彬に登用される直前の状況から、確認していきましょう。

斉彬は、お由羅騒動という島津家と薩摩藩を二分する骨肉の派閥抗争の末に、藩主の座を勝ち取りました。この抗争の際、老中阿部正弘ら幕府の実力者の後押しが決定打になった話は前章でしました。

後に幕末の四賢侯と呼ばれる大名がいます。斉彬、宇和島の伊達宗城、土佐の山内容堂、越前の松平春嶽（慶永）です。お由羅騒動の際は、阿部正弘の他、宗城や春嶽も動きました。斉彬は江戸生まれの江戸育ちで、当時の政界に人脈を誇ったのです。彼らは変動する国際情勢に高い関心を持ち、国政の改革を志していました。

当時の国際社会では、ヨーロッパの五大国が、そのまま世界の五大国でした。すなわち、大英帝国・ロシア帝国・フランス帝国・ハプスブルク帝国（オーストリア）・プロシア帝国です。

その中でも最強が、七つの海を支配する海軍大国の大英帝国です。その英国の覇権に挑戦するのが、陸軍大国のロシアです。英露両国はユーラシア大陸各地で抗争、オスマン帝国・ペルシャ帝国・ムガール帝国を食い物にしながら東進し、東端の清で睨み合っていました。もちろん、日本も狙われていました。

新興国のアメリカも、東アジアに現れています。弘化三（一八四六）年、ジェームズ・ビッドル率いるアメリカ艦隊は我が国に通交を求めてきています。この時の幕府は頑なに「祖法」を守り、追い返しています。祖法とは、「神君家康公以来の伝統法」のことで、この場合は俗に「鎖国」と呼ばれる海禁政策のことを指します。ビッドルには、「これまで貿易をする国は清とオランダ、場所は長崎に限っていた。それを変える気はない」と断ったのですが、要するに先例墨守の先送りです。

そもそも「鎖国」を始めたのは三代将軍の徳川家光で、初代将軍の家康は貿易にはむしろ積極的なくらいだったのですが、事なかれ主義が蔓延する幕末の江戸幕府でそういう議論は通じないものです。とにかく現状を変えたくない人が、「これが伝統だ」と言いだすのはよくある話です。

ちなみに最近の研究では、「オランダと清以外に、朝鮮・琉球・アイヌとも交易をしていた」とし、対馬（朝鮮）・薩摩（琉球）・松前（アイヌ）と合わせ「四つの口」とする見解が多数派です。ただ、当時の江戸幕府が朝鮮・琉球・アイヌを、オランダや清と対等の外国と看做していたかは極めて疑問です。琉球やアイヌは日本の大名である島津や松前の持ち物と考えていますし、同様に朝鮮は清の属国です。

また、「鎖国」と言うと国を閉ざしているというイメージがあります。それを流布したのが明治政府で、「江戸幕府に閉ざされた日本を自分たちが解放した」という正当性を主張したかったのです。しかし、それでは説明できない事実も多々あります。たとえば、当時の日本は金や銀などの資源大国で、江戸期を通じて大量に流出し、すっかり枯渇してしまいます。日本から流出した金や銀はユーラシア全土に影響し、ヨーロッパの相場にも影響を与えています。実体経済はグローバル化している側面もあるのです。貿易港をしぼり政府による統制をしていたのは確かですが、これが本当に「鎖国」なのかという指摘です。近世史の大家の大石慎三郎先生が『鎖国―ゆるやかな情報革命』（市村佑一と共著、講談社現代新書、一九九五年）で明治以来の歴史観の見直しを主張してからは、「鎖国」をカギカッコ付きで使うのが通例となっています。

一口に「鎖国」と言っても、江戸時代を通じて時期により差がありますし、経済面のグローバル化と政治面での伝統墨守の双方を見なければいけないのです。

島津斉彬などは、経済のグローバル化に対応し、西洋の進んだ技術を取り入れ、国防体制を充実させるべきだと考えていたのですが、そのような大名は少数派です。だから老中の阿部正弘に頼りにされたのですが。

阿部正弘と島津斉彬

当時、日本に危機が迫っていました。それをリアルタイムで実感していたのが斉彬と正弘です。

嘉永五（一八五二）年六月五日、オランダ商館長のヤン・ドンケル・クルティウスが長崎奉行に『別段風説書』を提出します。オランダ商館は毎年『オランダ風説書』を提出し、国際情勢を江戸幕府に伝えていました。この時は二百五十年のよしみでアメリカ艦隊の来航を伝え、開国すべきだと警告してきました。

阿部正弘は、溜間詰《たまりのまづめ》の譜代大名にこれを回覧し、意見を求めます。

ここで、大名の格付けを説明しておきましょう。

江戸城では、大名たちは控え室で格付けされました。最上級が、大廊下。これは上下に分かれ、上席が御三家・御三卿ら親藩と呼ばれる徳川一門と前田家です。前田家は松平の苗字を賜っており、一門扱いです。

次が大広間。徳川の旧姓である松平の名を持つ大名たちが並びます。この部屋には、島津・伊達・細川・黒田・浅野・鍋島・毛利・池田・蜂須賀・山内・上杉……と外様大名がずらりと並びます。

その次が溜間です。井伊・酒井・榊原・本多と、家康の四天王と呼ばれた一族の子孫が集結しています。「自分たちが幕府を作ったのだ」という意識が強い人たちです。

ちなみに阿部家は、その次の帝鑑間《ていかんのま》です。ここも譜代大名の控室です。

江戸期を通じて、政治は溜間と帝鑑間の譜代大名が独占してきました。外様大名を幕政から排除するのは、理の当然と思います。あまり知られていないのですが、親藩も幕政から排除されていました。理由は簡単で、徳川一族である御三家と御三卿は将軍に何かあった時に備える家柄です。将軍になる資格があります。ということは、将軍にもしものことがあれば権力が転がりこむ訳です。将軍としてはライバルであり、警戒の対象でしかありませんから、幕政から排除します。結果、譜代の中級大名が幕政を独占してきました。溜間詰筆頭の井伊家だけが飛びぬけて三十五万石、あとは十万石以下の大名たちが幕政を独占する構造でした。

老中阿部正弘の政権基盤は、決して強くは無かったのです。譜代大名たちは、気位だけは高いのですが、正弘に諮問されても、何か建設的なことを言う訳ではありません。正弘が頼りにしたのは、斉彬でした。斉彬は琉球から最新の生情報（information）を得て、逐一、正弘に報告します。そして下した結論（intelligence）は、「来年、アメリカ艦隊が来る」です。

そして斉彬の見立て通り、ペリー率いるアメリカ艦隊がやってきます。

嘉永六（一八五三）年四月十九日、ペリーは那覇沖に停泊。武装した兵員を率いて上陸し、市内を行進しながら首里城まで進軍します。我が物顔の振る舞いです。

五月十二日には、小笠原諸島の領有を宣言します。とはいうものの、これには即座に英露両国が抗議をし、ペリーは無かったことにしました。江戸幕府も何もしていない訳ではなく、「延宝三（一六七五）年には『日本領』の標木を設置している！」と抗議しました。小笠原の帰属についての争いは明治政府が国境を画定させる時まで続くのですが、この時に毅然とした対応をしていたので、外国に占領されずにすみました。もっとも、上手くいったのは、太平洋のド真ん中に浮かぶ小笠原に他の国がそれほどの価値を認めなかったという事情もありますが。

六月三日、ペリーは浦賀にやってきています。当時、「泰平の　眠りも覚ます　上喜撰　たった四杯で　夜も眠れず」と歌われた騒動です。通説で言われてきたような、「頑迷固陋な江戸幕府はアメリカ艦隊が迫っているのも知らず、突如現れたペリー艦隊にパニックを起こした」というような状態でないのは、既に見た如くです。

六月九日、ペリーと浦賀奉行との会見が行われます。会話はオランダ語の通訳を介して行われました。ちなみに、日本人が最初に話した英語は、「I can speak Dutch.」として伝わります。

幕府は、ペリーから開国を求めるアメリカ大統領からの国書を受けとり、お引き取り願いました。ペリーは将軍との会見を強く望みましたが、幕府は拒否します。仮に阿部正弘が望んでも不可能でした。

ちょうどこの時、将軍家慶は危篤で、二十二日に死去します。

ここに激動の幕末が始まりました。

現実味のなかった「攘夷」

老中阿部正弘は、ペリー来航を受けて全大名に諮問しました。

これまでも、阿部正弘が個人的に島津斉彬のような外様大名と意見交換することはありましたが、それは私的な場です。今回は幕府老中として、全大名に公式に諮問です。意味が違います。

しかし、国政に参画したことが無い「御殿様」たちに意見を聞いて何ができるのか。江戸時代の大名は「御殿様」なのです。国政では将軍に代わり老中たちが日常の行政を動かしているように、大名たちも家老たちに差配を任せているのです。大名本人によほどの識見と抱負が無ければ、愚論しか出てくるはずがありません。

さりながら、いつか国政に参画するつもりで識見を蓄え磨いていた大名が少なからずいたのが幕末です。先にあげた四賢侯がそうです。当然、外様大名筆頭で琉球からの的確な情報をもたらしてくれる島津斉彬を阿部ら幕閣は頼りにします。斉彬の本音は開国でした。

しかし、それを言うには抵抗が大きすぎました。

なぜ、祖法を捨て、外国に言われるがままに国を開かねばならないのか。開国すると公使館や領事館を開設することとなります。あるいは、外国人が日本国内を歩き回ることもあります（パスポートとはその許可証です）。その時点で「なぜ神国日本に！」という精神論が飛び出してきます。では、現実にペリー艦隊を武力排撃できるのか。

ペリーは当時の最新技術の粋を集めた蒸気船四隻で来航しましたが、当時の日本に対抗できる軍艦はありません。幕府は自身が国防努力をすることなく、大名たちにも大船建造の禁を徹底しています。それこそ「祖法」で、家康が大名たちの軍事力を削るために出した御触れでした。阿部は、これの解禁には成功します。

後に伊予宇和島の伊達宗城が大村益次郎に黒船を作らせたり、高杉晋作が長州藩の公金で勝手に軍艦を買ってきたりするのは、これを受けての話です。

ただ、ペリー来航時点で、誰も戦う決心ができない。「勝てる」などと自信を持って言えないのです。だから悔しくて、反動で精神論に走る。

こうして「尊皇攘夷論」が登場します。その震源地は、水戸藩主の徳川斉昭でした。斉昭は烈公と呼ばれる激しい性格でした。女性関係も下品で、唐橋という兄の正室付の上臈（高級女官）を妊娠させるなどの行為が甚だしく、大奥でも嫌われていました。唐橋は大奥でも勤めていた人物でした。

この斉昭の息子が聡明と評判だった慶喜です。斉昭は、慶喜を将軍継承資格のある御三卿の一橋家に養子に送り込んでいます。

斉昭は野心満々で、アクの強い人物です。ただし、単なる粗暴の人物ではなく、尊皇論を説く水戸学を修めていました。それだけでなく、国際情勢にも強い関心を抱いていました。それだけに国防努力の必要性を強く認識していたのですが、危機を煽るために「攘夷」を強調していたら、尊皇と結びついて、いつのまにか強硬な「尊皇攘夷論」の首領に祭り上げられていました。この時代、「尊皇」も「攘夷」も、誰もが否定できない正論です。問題は、「尊皇」はともかく、「攘夷」に現実味が無かったことです。

既得権益組と新規参入組

阿部は、斉昭を幕政参与に登用しました。御三家の水戸、外様の薩摩も加え、挙国一致のような形になります。

病死した家慶に代わり、十三代将軍に就いたのは家定でした。家定は幼少から病弱で、誰の目から見ても危機の指導者ではありませんでした。亡き家慶すらそれを自覚し、一橋慶喜を後継将軍にと考えていたほどでした。斉昭は慶喜を水戸家に留めおこうとしたのですが、家慶の主導で一橋家の養子としたほどの惚れ込みようでした。

ここに派閥が形成されます。すなわち、将来の家定の後継将軍に慶喜を据え、国政改革を行おうとする派閥です。一橋派と呼ばれることとなります。阿部正弘が政権首班であり、徳川斉昭・一橋慶喜・島津斉彬・松平春嶽・山内容堂・伊達宗城らが集結します。帝鑑間の阿部政権を、これまで政治から排除されていた大広間と大廊下の親藩と外様の実力者が支える形です。

では、既得権益層である溜間詰の大名たちが、どう思うか。

この時期、人材を欠いているので表だった抵抗はしませんが、阿部と取り巻きの一橋派への警戒感は丸出しです。また斉昭の素行から、大奥が敵にまわります。特に、老中の松平忠《ただ》固《かた》は、斉昭とことごとく対立しました。忠固の立場からすると、同僚の阿部のやっていることは、「なぜ、ややこしい連中たちを幕政に参加させる必要があるのか」です。その忠固は、後に老中罷免に追いやられました。

阿部正弘は、攘夷を主張する斉昭の要求に従い、開国を唱える松平忠固を罷免しました。結果はどうなったか。御存じの通り、開国に決します。奇々怪々な政局ですが、しっかり読み解いていきましょう。

ペリー再訪は渡りに船

嘉永七（一八五四）年、ペリーは再び浦賀を訪れ、日米和親条約が結ばれます。同時期、ロシアも開国を求めてきており、しかも日本の国法を守り長崎を訪れていますが、日露和親条約は後回しにしました。先にアメリカと条約を結び、最恵国条項を規定していたので、ロシアとも同様の条件で条約を結びました。仮に超大国のロシア相手だったら、どんな条件になったかわかりません。

一八五三〜五六年、ロシアは、イギリス・フランス・トルコの三国を相手にクリミア戦争の真っ最中でした。この戦争でロシアは劣勢で、英仏の艦隊に世界中を追い掛け回されており、カムチャツカ半島でも戦っているほどです。その最中に日本に開国を要求していました。

国際政治の現実を見れば、この時にアメリカが開国を求めてきたのは日本にとって渡りに船だったのです。千載一遇と言っても構わない好機です。

ただ、数百年の祖法を動かすには、大きな政治的エネルギーがいるのです。しかも、権力の変動には多くの人の思惑が絡みます。

幕末最大の争点は、「開国か、攘夷か」なのですが、その前提として「誰が権力を握るか」で抗争します。この時代の最高権力者は、征夷大将軍です。その将軍家定が病弱とあれば、後継をめぐり争いが生まれます。将軍継嗣問題です。

西郷の「人脈ノート」

さて、長々と背景を説明しましたが、こうした状況下で本書の主人公である西郷隆盛が登場します。幕末政治のアクターとなった、島津斉彬の「工作員」として。

前章で、西郷は斉彬の御庭方としてかなり広範な人脈を築いた話はしました。西郷は会った人の記録を留めていて、帳面に記録しています。かなり人の好き嫌いは激しく、「有志」「人傑」「奸物」などと峻別していました。その記録は『西郷隆盛全集』第四巻（大和書房、一九七六〜一九八六年）に残っています。

人柄がいい西郷さんで通っていましたし、「斉彬の使い」という立場もあり面と向かっては出さなかったでしょうが。それだけに相当にストレスを溜めていたようですが、ノートに書いて発散させていたのでしょう。

ちなみに、最高の評価をされているのが、水戸の藤田東湖と越前の橋本左内です。東湖には心酔するかの如く家に入り浸ります。東湖は筋肉質の巨漢で、とても学者とは思えない外見だったとか。

左内は小柄細身で、年下ということもあり西郷も最初は横柄な態度で接したのですが、話をしている内に識見に圧倒され、尊敬するようになったとのことです。

西郷は江戸でかなりの有名人になっており、特に水戸藩の関係者とは身内のような関係になっていました。西郷が師匠と仰いだ藤田東湖は、安政の大地震で蔵書に埋もれて死にます。これにより指導者を失った水戸藩は迷走し、あまつさえ斉昭毒殺未遂事件まで発生します。斉昭も報復で反対派を粛清するなど、血で血を洗う抗争に突入しました。これを水戸までいって調停役をしていたのが西郷です。もちろん、西郷一人の力でどうなるものでもありませんが、どれほど信望があったかがわかるエピソードです。

篤姫輿入れのシナリオ

西郷が最も力を入れたのは、篤姫輿入れでした。阿部正弘と島津斉彬は、家定が将軍になる前から工作していました。

なぜ阿部は自分の血縁ではなく島津の娘を？　と思うかもしれませんが、そういう疑問が出るなら、当時の状況を理解していない証拠です。阿部家は家臣筋、しかも決して高い家格ではないので、将軍家に娘を輿入れなど不可能なのです。本当は外様の島津家でも横紙破りなのですが、そこは何とか工作しました。

篤姫は島津家の分家の娘です。大河ドラマ『篤姫』の序盤では、宮﨑あおい演じる主人公が「どこの貧農の娘か」と疑いたくなるような汚らしい恰好で登場していましたが、さすがにやりすぎかと。「お姫様」になって以降の絢爛豪華さと対比させたかった演出だったのでしょうが。

斉彬は、篤姫を縁故ある近衛家の養女にします。将軍正室は、皇族か高級公家の娘からというのが、三代将軍家光以来の先例でしたので。公家筆頭の近衛家は薩摩に所領を持っており、島津とは鎌倉時代以来の友好関係なのです。

政権担当者の阿部、外様最大の島津、公家筆頭の近衛の三者が手を組み、権力掌握に動いていました。ところが、ペリー来航でそれどころではなくなってしまいましたし、宙ぶらりんの状態でした。

阿部はペリー来航で全国の大名に諮問し、譜代大名による幕政独占に風穴を開けましたが、改革を継続するには力が要ります。篤姫輿入れ工作を再開しました。

斉彬は西郷に、篤姫の嫁入り道具の選定をさせたとの記録が残っています。「同盟を結び、維持するのは、戦をするのと同じ労力がいる」との格言があります。政治の世界では誰と手を組むかによって、己と一族郎党の運命が決まるのです。婚礼など、遺漏が無くて当然、少しでも失態があれば大惨事なのです。西郷は、こういう仕事を任されている時点で、斉彬の信頼を勝ち得ています。また、地道な事務方の仕事もできる人なのです。

さて、篤姫を将軍正室に送り込んだ阿部正弘と島津斉彬の立ち位置はどう変わったか。

何と言っても将軍は最高権力者です。将軍の居住する大奥は、男子禁制の場所です。そこに影響力を行使できるのは絶大な力です。仮に篤姫が男の子を産めば、その子は文句なしに後継者です。影響力はさらに高まります。うるさい同盟者である水戸（徳川）斉昭に対しても優位に立てます。

では、病弱な家定に子供が出来なかったらどうするか。その場合も想定して、篤姫には因果を含めました。篤姫を通じて、後継者に慶喜を推すつもりでした。篤姫の力で慶喜の将軍就任が実現したら、斉昭に多大な恩を売れます。正弘と斉彬は、二つのシナリオを用意し、両にらみなのです。

しかし、ここに誤算が生じます。

当の家定は、慶喜を激しく嫌っていました。当然でしょう。父家慶は、一時は自分を廃して慶喜を将軍に据えようとしたのです。そんな相手を好きになれたら、そっちの方が異常です。それは、正弘も斉彬も織り込み済みです。そんな家定の心をつかむために、篤姫を送り込んだのですから。ところが、家定の心をつかみ仲の良い夫婦になったのは良いのですが、篤姫の方が思惑をはずれていくのです。家定と篤姫の夫婦は、叶わぬ願いとあきらめながらも、子供が欲しいと熱望するようになるのです。そんな夫婦にとって、慶喜擁立など、夫婦のささやかな幸せを打ち砕こうとする邪《よこしま》な陰謀に他なりません。

斉彬の意思を伝えに来る西郷も、次第に疎まれていくようになります。

こうした政治の過程を、西郷は身を以って実地に学ぶこととなりました。

阿部正弘の急死で形勢逆転

安政四（一八五七）年六月十七日、阿部正弘が三十九歳の若さで亡くなりました。幕末政局を率いてきた、心労が原因でしょう。

これにより権力構造が変化します。

政治の中心は、病弱な将軍家定。危機の指導者としては、期待値ゼロです。これが普通の大名家ならば、「主君押し込め」で首をすげ替えられても仕方がない状況です。江戸時代の大名は就任資格こそ血縁で限られますが、実態はサラリーマン社長のようなもので、家臣団の総意には逆らえないのです。しかし、家定には「主君押し込め」をさせない側近集団が居ました。その筆頭が篤姫です。篤姫は生前の阿部正弘や島津斉彬とも良好な関係を維持していましたが、それは夫を守るためで、もはや独自の意思を持つ政界の領袖と化していました。篤姫は幕末まで大奥に君臨することとなります。

幕閣では、首班である阿部の死により、またぞろ溜間詰の譜代大名が復権をはかるようになります。阿部正弘に代わって老中首座となったのは堀田正睦《まさよし》です。彼らの思惑は、阿部時代に政権参画を果たした水戸斉昭ら親藩や島津ら外様の排除です。

こうした権力の三重構造の中で、政治の中枢にいる溜間詰の譜代大名は派閥化し、いつしか「南紀派」と呼ばれるようになっていきます。ひたすら家定を守ろうとする将軍側近集団、慶喜を擁立して政権参画を図る一橋派、旧来の秩序を守ろうとする南紀派の三者は、それぞれの思惑をぶつけ合い暗闘を繰り広げることとなります。

こうした派閥は数の問題ではなく、将軍に近い順に権力があることを意味します。つまり、家定から順に、側近集団、南紀派、一橋派ということになります。

病弱な将軍家定は普段は政治に介入できませんが、人事権は握っています。老中ら幕閣の任免は将軍の権限ですから、いかなる実力者でも将軍の信任が絶対条件なのです。ただ言い方を変えれば、家定は人事権しか持っていません。日常の政務は溜間に詰める南紀派の譜代大名たちが握っています。一橋派は、外野で騒いでいるだけの存在になっていきます。

なお、この頃の薩摩では、中央政局に忙しい斉彬の間隙をぬって権力掌握を図ろうとする勢力が出てきます。また、西郷のような中級武士が活躍すれば、嫉妬されるのは仕方ありません。そうした批判勢力は斉彬の弟である久光の周辺に集まります。西郷は逆に、お由羅が黒幕だと睨み、一時は久光派の家老の馘首《かくしゅ》を斉彬に進言したほどでした。西郷は常に地元の人たちの嫉妬に悩まされながら、中央で動いていたのでした。

不平等条約の受け入れ方

そうした間にも、国際情勢は動いています。

一八五八年、英仏両国は清国への膺懲《ようちょう》を開始します。アロー戦争です。英国のヘンリー・パーマストン外相は、「支那は十年に一回、懲らしめなければならない」と語りました。時々殴っておかねば増長する、という意味です。アロー戦争は第二次アヘン戦争とも言いますが、自分より巨大な国が嬲《なぶ》りものにされる光景に、隣国の日本人は当事者の清国以上に危機を認識しました。

列強が押し付けてくる不平等条約を拒否すればどうなるか。それを理由に戦争を仕掛けられるということです。より正確に言えば、戦争にはなりません。戦争とは対等の立場の者どうしの決闘ですから。日本と列強では力の差がありすぎて、一方的なリンチにしかなりません。下手をすれば、日本国が丸ごと飲みこまれるかもしれません。幕末の知識人は、既にインドが植民地と化し、清が今まさに食い物にされているのを承知しています。

時の老中堀田正睦は、列強が押し付けてくるであろう不平等条約を受け入れることを決断します。不平等条約を受け入れるとしたら、一番マシなやり方は何か。最初にアメリカと話をつけることです。堀田は、列強の力関係を必死に分析していました。

二百五十年の友好国のオランダは、力にならない。隣国のロシアは論外、飲みこまれてしまう。かといって、そのライバルのイギリスは信用ならない。どんな条件を突き付けてくるかわからない上に、力の無い国を助けることはしない。そこで、今回も新興国のアメリカに白羽の矢を立てました。というより、冷静に考えたら他に選択肢はないのですが。アメリカ相手なら、大国ヅラして居丈高な態度で脅してきても、「オタク、イギリスやロシアより弱いくせに何をおっしゃっているのですか」と押し返すこともできますし。外交官の岩瀬忠震《ただなり》などは、アメリカ相手にそういう交渉を繰り広げています。

江戸幕府の人々も、無為無策で押しまくられただけではないのです。

しかし、最高責任者の堀田は、肝心な決断ができない人でした。不平等条約を締結するに当たり、天皇陛下の御許可をいただこうと言いだしたのです。

南紀派と一橋派の激突

時の孝明天皇は、二十八歳。年齢もさることながら、政治経験ゼロ。何より、江戸時代の天皇は世間から隔絶され、一生涯ほとんど御所から出ないというのが通例なのです。公家文化では、武士すら本来は「血に汚れた遠ざけるべきもの」なのです。なぜ、得体の知れない外国人などと交際しなければならないのか。その孝明天皇に「御許可を」などと言い出したので、政治問題化しました。条約勅許問題です。

これに、将軍家定の危篤が重なりました。くすぶっていた、将軍継嗣問題が本格化します。堀田を盟主とする南紀派と、慶喜を擁立しようとする一橋派が、いよいよ激突します。西郷は工作員としてフル稼働します。この時のパートナー（肉体関係もあったと想像される）が、僧の月照です。長年培ってきた人脈を使い、斉彬の工作員として、慶喜擁立工作に走ります。

幕末政局では輿論が重要となります。

江戸の教育・学問レベルは高く、知識人は京都に集中していました。また全国の知識人は手紙でやりとりし、情報の交換を頻繁に行っていました。幕末より時代は古いですが、賀茂真淵と本居宣長は会ったのは生涯に一度だけですが、手紙のやりとりを通じて研究のパートナーです。今で言えば、リアルに会ったことは無いけれども、ネットでは頻繁にやり取りをする仲間という感覚でしょう。〝リアル〟は京都に集中していますが、優れた識見は瞬く間に全国に広がるのが幕末の言論空間です。

たとえば、ペリーの黒船に乗り込んだ吉田松陰は、全国の知識人の間で知らぬ者はいない有名人でした。

また、水戸の尊皇論は全国に危険な影響を与えます。「夷」を「征」するのが、征夷大将軍のはずです。いざという時に武家の頭領として、日ノ本《ひのもと》の武家をすべて率いる。だから、日ごろは天皇陛下より大政を委任されているのだ。という理解は、必然的に「では、今の将軍は役立たずではないのか」という結論に至ります。もっともそれを口に出しては、謀反として扱われますが。しかし、「現実に攘夷ができないならば、我々が政権参画してお助けしよう」とは言えますし、その大義名分として天皇の権威が持ち出されるようになるのです。これも「天皇が居れば、将軍は不要なのではないか」という、体制を転覆させかねない危険な空気を滲み出させてしまうのですが。

輿論は、譜代大名による政権独占を打破し、「有志」「人材」の登用を求める声が大きくなります。そもそも一橋派とは、そのような一枚岩の集団があるのではなく、政権参画を求める勢力の総称なのですから。

井伊直弼の電光石火

西郷と月照が最も力を入れたのが、近衛家でした。薩摩の篤姫が近衛家の養女として将軍家定の正室に輿入れしたこと、篤姫が実家の意思を離れ慶喜を毛嫌いするようになったことは既に書きました。西郷と月照は朝廷と幕府の双方に、慶喜の徳川宗家家督相続（将軍宣下を意味する）の工作を行いましたが、難航しました。

領袖の阿部正弘の病死で幕閣に足がかりは無く、頼みの篤姫が敵に回る有り様です。大奥全体が、斉昭が支配する水戸家を敵視する有り様です。慶喜が将軍になれば、実父の斉昭が何をしでかすかわかりません。日頃の素行が、この重要な局面で効いてきました。

一橋派が決め手を欠く中、溜間詰の譜代大名たちは態勢を立て直します。大老に、譜代筆頭の井伊直弼を担ぎ上げたのです。大老は、老中が平時の宰相であるのに対し、臨時の最高職です。「期間限定独裁者」のようなものです。

安政五（一八五八）年四月二十三日、井伊は大老に就任しました。

直弼は井伊家の十四男として生まれました。長らく部屋住みの身でしたが、兄の病死であれよあれよという間に藩主になります。藩主としては名君と評判で、ペリー来航時、江戸湾防備に従事しています。有能だと評判でした。

ちなみに、直弼は強烈な尊皇攘夷論者でした。その直弼が孝明天皇の意に背き、本音は開国論者でありながら尊皇攘夷を掲げる水戸斉昭に対し、開国論で対抗するのだから、政治の皮肉です。

井伊の動きは、電光石火でした。

孝明天皇から勅許をいただけるとの見込みがないと悟るや、六月十九日に日米修好通商条約を調印します。外国人犯罪を日本人が裁けないなどの内容を含む不平等条約ですが、他に選択肢はありません。この年、立て続けに英仏露蘭とも同様の条約を結びます。安政の五ヵ国条約です。井伊は尊皇家でありながら陛下の大御心に背き、戦わずして独立国の地位を捨てました。しかし、戦わずして植民地になることを避けたのです。

えてして軟弱な対外政策ができる政治家は、国内において強い政治家である場合が多いです。反対派を弾圧できるようでないと、軟弱な政策を採った瞬間に政権を転覆されかねませんから。

井伊の早業は続き、六月二十五日には次期将軍は紀州家より徳川慶福《よしとみ》を迎えると公表しました（同年十二月一日の将軍宣下の際には、家茂《いえもち》を名乗る）。

井伊の主張は、「次期将軍は上様が決めるもので、家臣がとやかく言うものではない」です。正論ですが、家定が慶喜を忌避していると知っているからこその言論であるのは、当然です。そもそも、慶喜は既に血縁が遠く、徳川一族とはいえ三十親等ほど離れた、ほとんど他人のような感覚です。世襲の世界で、一橋派の主張は、横紙破りにもほどがあるのです。一橋派に言わせれば、危機には先例墨守よりも現状打破が必要なのですが。

派閥抗争は、井伊の勝利に終わりました。

しばしば、「一橋派」と「南紀派」が対立したとされますが、今の自民党の派閥抗争のようなものを思い浮かべたら、実態は違います。自民党の派閥抗争は、「自ら派閥を名乗る」

「反対派を抹殺しない」の二点で、普通の派閥抗争とは違います。では、「一橋派」と「南紀派」はどうでしょう。

両者とも自ら、「派」を名乗ったことはありません。日本語で「派閥」は「徒党」と同じような悪い意味があります。たとえば会社で、「あそこには派閥抗争がある」と言われるのは悪評そのものです。一般に日本人は、自分たちの仲間を「派閥」と呼ばれることを嫌います（この意味でも、自民党は例外か）。

挙兵上京の政治工作

井伊は一橋派を陰謀団の如く毛嫌いしていました。彼らが夜な夜な会合し、政権参画の構想を練る動きなど、井伊から見たら徒党による陰謀に他なりません。では自己認識はどうかというと、将軍の意を受け、権限に基づき仕事をしているだけです。その権限を独占している家柄の出なのですから敵対者から見たら井伊の言い分はすべて自分に都合がよいとなるのですが、意に介しません。

条約勅許（違勅問題と言われるようになる）と将軍継嗣の二つの問題を独断専行した井伊に怒った斉昭は、自暴自棄の行動に出ます。

尾張藩主徳川慶勝《よしかつ》、息子で水戸藩主の慶篤《よしあつ》、越前藩主の松平春嶽とともに江戸城に押しかけ、井伊直弼を詰問したのです。家柄の高い自分たちが不意に大勢で押しかけてまくしたてれば怯えるとでも思ったのでしょうか。違勅問題と将軍継嗣問題での手続きの瑕疵を論難したところで、井伊が引くはずがありません。むしろ逆襲され、事前通告なしの登城を咎めだてされる有り様です。ちなみに他の三人は斉昭に誘われてついていったものの、斉昭の形勢が不利と見るや、やる気をなくしてしまいます。

井伊は、「不登城日の登城」を理由に、彼らを処分しました。安政の大獄の始まりです。失意の斉昭などは、この日を最後に死ぬまで政界に復帰できませんでした。

同じ頃、鹿児島に居る島津斉彬も焦ります。もはや軍を率いて解決するしかないと、「率兵上京」を計画します。三千の兵を率いて京都そして江戸に進軍し、一気に政治解決を図ろうとしたのです。

一口に「率兵上京」と言っても、準備がいります。薩摩藩内の動員、移動ルートの確定。その途上の兵站、要するに宿と食糧とそれらの財源。そして、京都と江戸での政治工作です。西郷は、斉彬の意を受けて、走り回ることとなります。斉彬自身は、兵の動員と訓練に集中します。

しかし、七月十六日。斉彬が突如として死去します。まさに練兵中に倒れ、そのまま不帰の人となりました。衝撃を受けた西郷は一時は殉死を決意しますが、斉彬の遺志を継がんと必死に工作を続けます。

西郷が傾注したのは朝廷工作でした。天皇陛下の大御心に背き、外国と戦わずして独立国の地位を捨てた井伊への反感は醸成されています。そうした言論空間で、「尊皇攘夷」の主張は正論として受け容れられました。

最も反応したのが孝明天皇その人です。当時、朝廷で孝明天皇の意を受けて動く皇族の筆頭は青蓮院《しょうれんいん》門主尊融入道親王（還俗してからは中川宮）で、公家の最高地位にあったのは左大臣近衛忠熙《ただひろ》です。入道親王は強烈な尊皇攘夷論者であり、近衛左大臣は薩摩のひも付きです。公家は古い家柄に基づく権威はありますが、経済的には有力者の支援が必要です。入道親王にも近衛左大臣にも島津から大量の黄金が流れ込み、それをまた彼らが手勢の公家にばら撒く。こうしたことで巨大な政治力が生まれます。その工作員が、西郷隆盛その人でした。基本的に、政治家は自分で汚れ仕事はしません。秘書の仕事です。優れた政治家には命をかけてでも何でもやってくれる秘書が付き物ですが、西郷は斉彬に犬のように仕えました。その死後も。

大弾圧、安政の大獄

そして八月八日、孝明天皇が勅旨を下します。いわゆる戊午《ぼご》の密勅です。

密勅は幕府と水戸藩に下されました。内容は、不平等条約への叱責と説明の要求、公武合体の要求、この密勅を諸大名に閲覧することの要求です。ここで言う公武合体とは朝廷と幕府の協調による政治運営の意味です。

露骨な幕政批判と政治参加の要求です。徳川家康が禁中並公家諸法度で朝廷の政治参与を戒めて以来の「祖法」を全面否定しています。

井伊は、弾圧で応えました。安政の大獄と呼ばれる大弾圧は、孝明天皇以外のすべてに及んだと言っても過言ではありません。

まず公家では、入道親王が隠居・永蟄居。左大臣近衛忠熙と右大臣鷹司輔熙《すけひろ》が辞官・落飾、つまり辞職して出家です。内大臣一条忠香《ただか》は慎十日で済みました。見せしめみたいなものです。前関白鷹司政通（鷹司太閤と呼ばれた最高実力者）は隠居・落飾です。トップ４がまとめて追放です。

前水戸藩主徳川斉昭の永蟄居、尾張藩主徳川慶勝と福井藩主松平春嶽の隠居・謹慎、水戸藩主、徳川慶篤の登城停止は、先の不登城日登城の処分です。これなどは理由がわかるからまだマシで、一橋徳川家当主一橋慶喜の隠居・謹慎はいきなりの処分です。

四賢侯は春嶽以外も全滅で、宇和島藩主伊達宗城と土佐藩主山内容堂はそろって隠居・謹慎です。斉彬も生きていたら間違いなく隠居・謹慎だったでしょう。何度も述べたとおり、薩摩藩では深刻な派閥抗争を抱えていましたから、幕末政局はどうなったかわかりません。

井伊は同じ溜間詰大名にも容赦しません。佐倉藩主堀田正睦の隠居・謹慎は、無能な前任者への井伊の意趣返しとしか思えないですが……。水戸斉昭の政敵だった上田藩主松平忠固の隠居・謹慎に至っては、少しでも自分の権力を脅かしそうな人物は排除しようとしたとしか思えません。ちなみに忠固はペリー来航の時は阿部正弘側近として和親条約、ハリスの時は堀田側近として修好通商条約の調整に当たっています。開国派の領袖なのだから使えばいいものをと思いたいものですが、井伊はイエスマンを集める傾向がありましたので、排除されたようです。

幕末マニアの間での有名人を並べておきますと、後に慶喜最側近となる備中松山藩主板倉勝静《かつきよ》は御役御免です。幕府を支えた官僚たちにも弾圧は及び、勘定奉行川路聖謨《としあきら》と江戸城西丸留守居大久保忠寛は隠居・謹慎、軍艦奉行永井尚志《なおゆき》と作事奉行岩瀬忠震は永蟄居です。ペリーやハリスと直接渡り合った岩瀬は失意のまま死去します。

ここまでは〝お偉いさん〟なので命はとりませんが、民間人だと容赦しません。有名どころでは幕末志士全員が読んだと言われる『日本外史』の著者の頼山陽の息子で、本人も著名な儒学者だった頼三樹三郎《らいみきさぶろう》は斬罪。

吉田松陰の斬首は、老中の間部詮勝《まなべあきかつ》暗殺未遂の罪ですから、仕方ないと言えば仕方ないのですが。ただし、「松陰はテロリストだ」というのは井伊の側の理屈であって、弟子の長州人や全国の支持者には通じません。かえって井伊への敵意を醸成します。

西郷の人脈ネットワークにも弾圧は及びます。

越前藩士というより松平春嶽家臣と呼んだ方がわかりやすい橋本左内は、陰謀の首魁の如く扱われて、斬罪です。井伊は、言論空間をリードするオピニオンリーダーの左内を恐れたのです。

小浜藩士の梅田雲浜は獄死です。

薩摩でも大山綱良（後に西南の役の時の鹿児島県令）は国許永押込です。

西郷の手下の大山にも弾圧が及ぶのです。薩摩の優秀な工作員である西郷が、無事で済むはずありません。だいたい、近衛左大臣から戊午の密勅を尾張や水戸に届ける役割を命じられたのが西郷なのですから。

西郷は相棒の月照と共に逃走しますが、薩摩まで幕府の追手が先回りしています。十一月十六日、錦江湾《きんこう》（鹿児島湾）で二人は心中を図り身投げしました。すぐに二人は引き上げられましたが、月照は亡くなります。西郷も昏睡状態になりますが、四十二日後、奇跡的に蘇生しました。

西郷は、どこにも行き場を失いました。なお後年、西郷は月照を思い出し、「会ったその日に一緒に死んでもいいと思った」とまで手紙にしたためています。

薩摩藩は幕府をはばかり、薩摩領奄美大島に島流しにします。

西郷はすべてを失い、皇国に尽くせない己の非力を嘆くばかりでした。

第三章　挫折した時の勉強こそが糧

西郷の島流し生活

自分の運命を自分で決めることができない。情けないことです。個人でも、国家でも。

幕末の日本も、そうでした。

文久元（一八六一）年二月、ロシアの軍艦が対馬の浅茅《あそう》湾に居座ったのです。最初は遭難したので船を修理したいとの名目でしたが、勝手に上陸して兵舎を建設するわ、近隣の村から略奪をするわ、食料や遊女を要求する有り様です。さらに「長期滞留のお礼がしたい」などと言いながら、港湾の租借まで要求するのですから、厚かましいにも程があります。もちろん、租借とは「寄越せ」の意味です。この時代の租借地は植民地と同じです。対馬の人たちは奴隷の如く扱われていたでしょう。

結局、幕府はイギリスに頼って追い払ってもらいました。

この時、イギリスは善意の友人のふりをしながら、駐日英国公使のラザフォード・オールコックは対馬占領を計画していました。この時は本国の許可が下りませんでしたが、偶々です。もし許可が下りていたら、一巻の終わりでした。住民は奴隷の如く扱われ、対馬は香港のようになっていたでしょう。

西郷隆盛も、祖国の危機に際し不遇の時代を過ごします。己の運命を己で決めることができない島流しの時代を長く過ごすこととなります。

さかのぼること、三年。安政五（一八五八）年は、安政の大獄の嵐が吹き荒れていました。西郷の盟友の橋本左内は死刑、梅田雲浜は獄死しました。西郷もパートナーの月照とともに入水自殺を図りますが、一命を取り留めます。この時に西郷を助けたのが平野国臣です。平野は後に武装蜂起し（生野の変）、刑死する人物です。

薩摩藩は幕府の追手に対し西郷と月照の墓を見せて、追い返しました。死んだことになった西郷は、奄美大島に島流しになります。とはいっても、幕府の追手が来ないところまで逃がそうとしてくれたのです。

薩摩藩の改革を志す若手武士の集まりであった精忠組はリーダーであった西郷を失い、仲間たちは途方にくれます。自暴自棄になり、井伊大老の暗殺まで口にする者もいます。西郷は固く戒め、後事を大久保利通に託しました。

安政六（一八五九）年一月、西郷は大島に到着します。

西郷は「菊池源吾」と変名します。菊池とは、後醍醐天皇に従い鎌倉幕府打倒に立ち上がり、室町幕府と死闘を繰り広げた菊池一族です。西郷は、勤王で名高い菊池氏の子孫なのです。自分の忠誠心は変わらない、という決意表明です。

西郷の扱いも、罪人ではありません。自給自足の生活の傍ら、読み書きを教える寺子屋講師として生計を立てます。島妻も娶りました。二番目の妻となる愛加那です。

大島は薩摩藩の重要な収入源である砂糖の生産地でした。薩摩藩は暴利とも言うべき利潤を上げる一方、厳しい年貢の取り立てが行われており、規定分を納められなかった島民は牢に拘束され、あげくは拷問を受けていました。行き過ぎた悪徳役人を見かねた西郷は抗議し、島民は拘束から解放されることになります。こうした一件があり、西郷と島民の間に信頼関係が生まれます。

不遇の時代は読書せよ、とは時代を通じた格言です。もともと学者を志していた西郷も、読書に励みます。精忠組の勉強会で輪読していた『言志四録』を、筆写しながら読んでいました。西郷は自分の原点を見直そうとしていたのでしょう。その筆写は、「手抄言志録」として残されています（『西郷南洲遺訓』岩波文庫に収録）。百一の言葉があります。

「手抄言志録」は、

勿認游惰以為寛裕。勿認厳刻以為直諒。勿認私欲以為志願。

（遊び怠《なま》けているのを見て、心が寛《ひろ》くこせつかないと思うな。厳しく容赦《ようしゃ》しないのを見て、

真直でいつわりがないと思うな。利己的欲望をみて、志を立ててその実現を望み計るものと思うな)

ではじまります。己を律しようとする西郷の気持ちが伝わってきます。

次いで、

毀誉得喪、真是人生之雲霧、使人昏迷。一掃此雲霧、則天青日白。

(不名誉、名誉、成功、失敗は真にこれ人生の雲や霧のようなものである。これが人の心を暗くし迷わしめるものである。この心の雲霧である毀誉《きよ》得喪《とくそう》をさらりと一掃すれば、天が青く日が白く輝くように人生は誠に明るいものである)

と続きます(訳文は、川上正光全訳注『言志四録(四)—言志耋録』講談社学術文庫、一九八一年による)。延々とこんな感じで、西郷のメンタルの弱さが伝わってきます。現代人が自己啓発本で苦しい状態を乗り切るような感覚で筆写していたのでしょう。

なお、『言志四録』の著者は、国学者の佐藤一斎です。弟子には、蛮社の獄で獄中死する蘭学者の渡辺崋山、明治初期の啓蒙思想家として名高い中村正直、信濃の兵学者の佐久間象山、熊本藩の重役として佐幕討幕の双方から指南役と仰がれた横井小楠らがいます。象山は、吉田松陰と勝海舟の師匠でもあります。海舟は弟子の坂本龍馬に、象山や小楠を訪ねて指導を受けるように教えています。坂本龍馬の「船中八策」は、小楠の「国是十二条」が元ネタです。

幕末の人脈は、学問を通じたネットワークなのです。

大久保利通の奮起

西郷は大久保らを通じて、薩摩や中央政局の様子を、逐一知らせてもらっていました。聞こえてくるのは西郷にとって芳しくない情報ばかりです。

斉彬の死後、薩摩の藩主には島津茂久が就きます。この人物は愚鈍ではありませんが、まだ十九歳。とても、斉彬のような政治力は見込めません。旧斉彬派とお由羅派の深刻な派閥対立を裁ける力量もありません。実権は、茂久の父である久光が握りました。「国父」と仰がれます。

これは西郷から見れば、憎きお由羅の息子と孫が斉彬にとってかわった構造です。もともと人の好き嫌いが激しい上に、今は失脚の身。西郷の憎しみは久光に集中します。

こうした状況で一念発起したのが、大久保利通です。それまで大久保は常に西郷の弟分として、目立たない存在でした。むしろ、斉彬の御庭方として一人華々しく活躍していたのが西郷なのですから、目立たないのは当然ですが。それでも、大獄で処分された大山綱良、あるいは常に過激な言動を繰り返す有村俊斎（海江田信義）と次左衛門の兄弟などの方が、よほど目立った存在でした。

もともと薩摩人は無口な人が多く、大久保は特に無口だった人ですから、目立たないのも当然でしょう。しかし。ここでせっかく集まった仲間がバラバラになるよりは、自分が社会に出て行って、リーダーになる。それこそが、お由羅騒動で苦労した時の恩を、西郷に返すことになるのだと考えたのです。

大久保は藩の最高実力者である久光に取り入ろうと思いつきます。大久保は久光の趣味が囲碁だと聞いて、囲碁を覚え、久光の囲碁相手のお坊さんで吉祥院というお寺の住職の乗願に近づきます。この乗願と親しくなった上で、政治に関する意見を伝え、久光に自分のことを知ってもらうように仕向けたのです。さらにトドメで、久光が読みたがっていた本を入手し、そこに自分の覚え書きを挟んでおく。こうした細々とした努力が実を結び、久光に御目通りがかない、やがて重役に取り立てられていくこととなります。機を見て、西郷の召還を言いだせるポジションをつかんだのです。

ちなみに、長らく「大久保は囲碁のルールを最初から覚えた」と信じられてきました。真面目な研究者の佐々木克先生も、後で「あれは間違いでした」と謝っておられます。大河ドラマ『翔ぶが如く』では、鹿賀丈史演じる大久保利通が、賀来千香子演じる妻・満寿《ます》にルールを教わるところから描いていますが（ドラマとしては夫婦愛を感じさせる名シーンですが）、あれは間違いです。

久光の棋力は、アマだと最高の実力だったと見られています。常識があれば、ルールを覚えて一年程度で、そこまでの実力をつけるのは不可能とわかります。ちなみに、現在の囲碁界最強の井山裕太七冠は早熟の天才として名高かったですが、それでもアマ高段者になるにはルールを覚えて二年かかっています（断っておきますが、例外中の例外です）。

確かに史料に、「囲碁を覚えた」などと書いてあったとしても、事実と即断してはいけません。常識的な勘が働けば、「本当にそんなことがあるのか」と判断を躊躇しますし、その道の専門家の意見を聞くなり、自分でその道の勉強をしてから結論をくだすものです。

実際、数年前に大久保利通の棋譜が発見されました。そこからすると、アマ二段ほどです。久光が五段くらいですから、頑張れば互角に戦えないこともありません。大久保の「久光に取り入るために囲碁を覚えた」は、「弱すぎては話にならないので、歯ごたえがある相手になる努力」だったと考えれば筋が通ります。さすがに、「ルールを覚えるところから始めた」は、ありえません。

佐々木先生ほどの大家でも、こういう間違いをしてしまうのが怖いのです。もっとも、佐々木先生は人格者で自分の誤りを素直に認める方ですからいいですが、中にはムキになって過去の誤りを認めず自説に固執する人がいるので、ややこしくなるのです。

閑話休題。

とにもかくにも、大久保は久光の信任を得ました。

政策か政局か

内政志向の久光は、中央政界での安政の大獄から距離を置きます。井伊直弼としても、政敵の斉彬と違って、そのような久光には不満はありません。

そうした中、大事件が発生します。

安政七（一八六〇）年三月三日、桜田門外の変が発生しました。水戸の脱藩浪士たちが井伊直弼を襲撃したのです。この時、井伊直弼の首を刎ねたのが、元薩摩藩士の有村次左衛門です。水戸藩と西郷ら薩摩藩の仲は何度か書きましたが、そうした中で交流を重ねていたのが、有村次左衛門です。水戸藩士十七人と次左衛門は藩に迷惑をかけないよう脱藩し、事に及んだのです。次左衛門は襲撃の際に反撃され、その傷がもとで死にました。

独裁者と化していた井伊の死で、大獄は止みます。陸奥磐城平《むついわきたいら》藩五万石の藩主である安藤信正が、首班となります。井伊に罷免されていた久世広周《ひろちか》を復帰させ、二人で幕政を主導します。久世は下総関宿藩《しもうさせきやど》四万石の藩主で、二人とも帝鑑間詰です。譜代大名らによる政権独占は破らせません。大獄で処罰を受けた人たちの刑は許されず、政権参入を図った親藩や外様大名らを排除する体制は変わりません。

この年八月、失意の水戸斉昭が謹慎のまま死去します。この悲報は、遠く大島の西郷にも届きます。西郷は大久保に対し、「将軍家茂には力が無く、今さら一橋慶喜や松平春嶽が政権に就いても手遅れであり、いずれイギリスを筆頭に外国が介入してくるだろう」との見通しを語っています。処罰が解かれない以上、一橋派は政界の周辺居住者にすぎないのです。一橋派の工作員として奔走して敗れた西郷としては、こうした心境になるのは当然でしょう。とはいえ、特に悲観的な観測かというと逆で、当時の日本の置かれた内外の状況からすると、極めて蓋然性が高い見通しだったと言ってよいでしょう。

幕末は、「尊皇攘夷」と「開国佐幕」の争いだったという説明がされますが、単純すぎます。まず、「攘夷」か「開国」かは政策の、「尊皇」か「佐幕」かは政策を行う実行主体、すなわち政局の問題です。

安政の不平等条約は、強硬に攘夷を主張する孝明天皇の勅許を待たずに調印されました。孝明天皇の周辺には、「開国を撤回し、攘夷を断行せよ」という勢力が集まり始めます。八十八人の中級公家が、幕府の違勅を許した九条尚忠《ひさただ》を弔し上げるという事件がありました。堂上公家八十八卿列参事件と呼ばれます。天皇も幕府に対し、陰に陽に、攘夷を求めるようになります。さすがにこの時点では「討幕」だとは言えませんが、不穏な空気は醸成されています。

岩倉具視と皇女和宮

そこで安藤信正は、「公武合体路線」を進めることにします。朝廷と幕府が協調して国難に当たることで、批判勢力を抱きこもうとしたのです。公武合体がなれば、一橋派の親藩や外様大名たちの介入する余地はありません。

やりかたは強引で、既に有栖川宮熾仁《たるひと》親王との婚約が決まっていた天皇の妹の和宮を、将軍家茂の正室に迎えようというのです。

和宮降嫁は井伊直弼存命のころから考えられていましたが、安藤の時代に本格化します。安藤や久世は、中流公家の岩倉具視をキーパーソンと看做し、工作を進めます。

岩倉はこの時、三十五歳。羽林《うりん》家の家格です。家柄がすべての公家社会では、五摂家・九清華・三大臣家の下です。羽林とは「羽や林のように多い」という意味ですが、実際に六十六の家があります。岩倉家など公家社会では、有象無象の一人です。

しかし若いころから出世欲に燃えていた岩倉は違勅問題を好機ととらえ、堂上公家八十八卿列参事件を主唱します。公家らしからぬ行動力に朝廷で実務を抑えている実力者の大原重《しげ》徳《とみ》が注目し、岩倉はあれよあれよという間に孝明天皇の側近にのし上がりました。

安藤や久世は、大原や岩倉をカウンターパートとして慎重に事を進めます。徐々に、孝明天皇の意向が政治を左右し始めます。孝明天皇と中川宮は、和宮降嫁の条件として、幕府に攘夷の実行を強く要求します。交渉は難航しますが、万延元（一八六〇）年十月に勅許されます。そして、文久元（一八六一）年四月、和宮の江戸輿入れが行われます。岩倉も江戸城まで付き従いました。

工作員・西郷隆盛の復帰

国際日本文化研究センターのジョン・ブリーン教授は幕末日本を「孝明政権」と称しています。学会で直接お聞きしたのですが、この場合の政権とは、「administration」のことだそうです。「安倍政権」とか「民主党政権」と同じ意味です。つまり、権力が孝明天皇に移り、天皇の意向を抜きに政治が動かなくなったことを意味します（ブリーン教授の著書として、『儀礼と権力天皇の明治維新』平凡社選書、二〇一一年を参照）。

大河ドラマ『徳川慶喜』で、おもしろい演出をしていました。江戸時代、勅使が来ても、下座に座らされます。幕府の応接役は一段高い畳に座っていました。それが同じ高さになり、いつの間にか勅使が上座で一段高い畳に座るようになりました。

　幕閣は、対馬問題に振り回されながら、公武合体運動を進めているのですが、根本的な解決には向かっていません。西郷がぼやくのも無理はない政局です。

　と思っていたら、突如、西郷に召還の命令が来ました。大久保が久光に、激動する政局で薩摩が斉彬時代のように存在感を示すには、中央政界に広範な人脈を持つ西郷を呼び戻す必要があると進言し続けた結果でした。西郷の仲間の多くが安政の大獄で殺されていますが、西郷の交渉力は卓越しています。優秀な「工作員」は欲しいに決まっています。

　久光は、故斉彬が果たせなかった、「率兵上京」の準備を始めます。

　大久保が留守を預かっていた精忠組は、西郷の帰還と率兵上京に心躍ります。一部の過激派は、「突出」、つまり、幕府要人の暗殺や、場合によっては幕府の武力討伐まで口にするようになりました。薩摩に限らず、安藤らのやり方に不満を持つ分子は溢れていたのです。

　文久二（一八六二）年一月、坂下門外の変が発生しました。水戸藩の浪人達が安藤信正を襲撃したのです。登城寸前に襲われるのは井伊大老の桜田門外の変で教訓となっていますので、安藤は命からがら城に飛び込み事なきを得ました。しかし、「武士が敵に背中を見せて逃げ出すとは何事」と批判され、老中を罷免されます。ちなみに安藤は郷里に戻り藩政を見ながら真面目にすごし、明治四（一八七一）年まで生きています。

久光は、好機と捉えました。三千の兵を率いて上京し、天皇に拝謁し、そのまま江戸に向かって政治改革を行おうと考えたのです。実に単純明快、力と勢いで押しまくろうというのです。二月、許されて鹿児島に戻っていた西郷は、久光に召し出されます。言うまでも無く、大久保のお膳立てです。

久光を「ジゴロ」呼ばわりした西郷

ここで西郷は、滔々とこの時期の「率兵上京」の不可を説きます。曰く、「機が熟していない」「何の計画も無く上京しても無意味で、事前の根回しが必要」「成功には、斉彬時代の人脈が必要」「そもそも久光公は無位無官で、朝廷に相手にされるのか」云々。自分の殿様相手に、よくぞここまで言いたい放題と思えるほどです。あげくは「ジゴロ」呼ばわりまでします。「ジゴロ」とは「地五郎」と書き、薩摩では田舎者の意味です。これで打ち首にならなかったのが不思議なほどです。久光の方がよく耐えたと言うべきでしょう。

久光は、よほど腹立たしかったのでしょう。後年、この時の事を明治十九年にも回顧して悔しがっています（町田明広『島津久光―幕末政治の焦点』講談社、二〇〇九年）。

このときから、西郷と久光の生涯にわたる深刻な関係が始まります。

西郷は斉彬に命を捧げるが如く働きました。その斉彬ができなかったことが、憎きお由羅の子の久光にできるのか。そう考えても不思議ではありません。ただ、客観的に見れば西郷の言う通りです。それがわかっているから、久光も我慢して西郷を使うこととしました。

江戸からは早馬で、坂下門外の変や安藤の失脚の報が続々と知らされます、薩摩は「率兵上京」で固まりました。

三月十三日、西郷は上方の状況を偵察し、根回しをするために鹿児島を先発します。二十二日には下関につきました。白石正一郎の世話になります。

ここで情報を収集し、不穏な情勢を察知しました。有馬新七ら、過激派がテロを計画しているというのです。関白の九条尚忠と京都所司代の酒井忠義を暗殺し、久光に武装蜂起を促そうとしたのです。これに、真木和泉や吉村寅太郎らが絡んでいるというのです。真木は久留米の神官で、各地を転々として政治活動を繰り広げた有名な尊皇攘夷論者。吉村は土佐藩士で、後に天誅組の変を起こし戦死する行動派です。二人とも朝廷や全国の雄藩に名が知られています。どこでどんな陰謀に、薩摩が巻き込まれるかわかりません。暗殺など成功するのか。仮に蜂起しても単なる謀反人です。

そもそも久光は、公武合体策により譜代大名が独占する政治体制が打破されつつある中、それを支えることで政権参画を図っているのです。有馬らの言う通りにしたら、謀反人としてお家お取り潰しになりかねません。

西郷は急を要すると判断し、下関を発ちました。しかし、これが久光の怒りを買います。久光は西郷に自分を下関で待てという命令を下していましたから、自分を蔑ろにされたと感じたのです。「ジゴロ」発言が無ければ変わったかもしれませんが、何かと斉彬と比較する西郷の悪意を感じない訳がありません。

しかも有村俊斎（海江田信義）が、西郷さんが突出を指揮しに行ったとの報告を挙げます。これは讒言ではなく、俊斎の勘違いだったようですが、とにもかくにも火に油を注ぎます。ちなみに、これは俊斎の愚か者ぶりを表す定番エピソードですが、子孫が書いた『海江田信義の幕末維新』（東郷尚武、文春新書、一九九九年）では、無視されています。

烈火の如く怒った久光は、西郷に帰国を厳命、自らは十三日に入京します。

有馬ら過激派の鎮撫は、大久保に任せます。四月二十三日、過激派は上意討ちとなりました。寺田屋騒動です。仲間同士の凄惨な殺し合いでした。しかし、薩摩としては一部過激派の暴走を許すわけにはいきません。

久光の激怒、再度の島流し

西郷は、斬首をも口走る久光を大久保らが必死になだめ、島流しと決まりました。二度目の島流しは、沖永良部島となりました。今回は紛れも無く罪人です。野ざらしの牢に入れられます。風雨にさらされた不潔な場所です。そのため、足に障害を負い、不健康な状態であったようです。

話は飛びますが、西南の役で自害した西郷の死体には首がありませんでした。では、なぜ首のない死骸が西郷と分かったのか？　巨大な陰嚢水腫でした。要するに、キンタマが巨大に膨れ上がっていたのです。不潔な獄舎でバンクロフト糸状虫という寄生虫に侵され、リンパ系に大きなダメージを受ける風土病・フィラリア感染症を発症します。その後遺症から、皮膚や皮下組織が象の皮膚のように硬くなる象皮病を併発し、肥大化したカボチャ大の陰嚢水腫に苦しみました。晩年は、陰嚢がじゃまになって馬に乗れなくなり、駕籠に乗っていたというほどです（尾辻義人『愚直の一念―フィラリアとともに三十年』自費出版、一九九四年）。巨漢の西郷も沖永良部島の獄舎生活でやせ衰えます。一年半、こういう生活を続けることとなります。

一方、西郷からの評価は低かったですが、久光は率兵上京をやり遂げます。

久光は京都に入るや、「安政の大獄の処分撤回、一橋慶喜の将軍後見と松平春嶽の大老就任」を軸とした改革を建白します。久光の建白は孝明天皇に達し、大原重徳を勅使として江戸に差遣することとなります。もちろん護衛は久光率いる三千の薩摩兵です。久光は幕閣に改革を迫ります。

この時、安藤信正も久世広周も失脚しており、幕府には強い指導力を発揮できる政治家はいません。ちなみに、この時の老中は、本多忠民《ただもと》と松平信義です。勅命を押し付けてくる久光の要求を、幕府は飲みました。文久の改革です。

改革の主な内容は次の通りです。

第一は、参勤交代を一年ごとから三年に一度、且つ江戸滞留を百日に、妻子の帰国も許可しました。参勤交代は全国の大名の財政負担となっていましたから、人気を博しました。ただし、これにより江戸経済は停滞します。第二は、服制変革です。服装の実用化と儀礼の簡素化を行いました。第三は、軍制改革です。歩兵、騎兵、砲兵の三兵戦術を導入する他、洋学研究も推進します。

本来ならば大名の国父にすぎない身分で無断上京して朝廷に工作し、あまつさえ国政に指図するなど許されないことです。もはや幕府にはこれを止める力が無いことを如実に示してしまいました。

文久二（一八六二）年七月、慶喜が将軍後見職、春嶽が政治総裁職に就任します。大老は家臣が就く役職なので、春嶽のために新設したのです。八月には京都の治安を守るために京都守護職を新設し、会津藩主の松平容保《かたもり》が就任します。

阿部正弘政権下で、水戸斉昭と島津斉彬は近衛家と組んで政権参入を果たそうとして、阻まれました。しかし、ここに久光の力で外様・親藩・公家が、譜代大名たちが独占してきた政権に参入したのです。時の将軍家茂は病弱ですから、事実上の慶喜政権の樹立です。

公家のロビー活動

久光は意気揚揚です。しかし、好事魔多し。

八月二十一日、江戸から京都に向かう途中、久光の行列に、騎馬のイギリス人が横切りました。日本の国法では死刑です。こういう場合、トラブルを避けるために近隣の外国居住者には外出禁止を通達するのですが、イギリス人は暢気にも無視し、日本の国法を知らなかったために切り殺されたのです。ちなみに手を下したのは有村俊斎（海江田信義）です。

久光の駕籠の横で現場の一部始終を目撃した大久保利通は、対処に大わらわとなります。結論から言うと、幕府に押し付けて知らんぷり。急ぎ、鹿児島に帰ります。英国公使館からの抗議は幕府が引き受ける羽目になります。生麦事件です。

それはさておき、薩摩の成功は、他の藩の政治参加意欲をかきたてます。特に動いたのが長州で、清華家の三条実美《さねとみ》に近づきます。三条は、孝明天皇に公武合体派として動いていた岩倉具視の排斥を進言します。結果、岩倉は出家に追いやられ、以後五年も蟄居に追い込まれます。明治新政府では三条と岩倉の二人だけが公家出身者として台閣《たいかく》に残るのですが、二人も政治人生の最初では敵対する立場だったのです。

三条は攘夷派の公家の代表格として動き、三条側近の澤宣嘉《のぶよし》らが攘夷催促の勅使として江戸に赴くことになります。澤は後の初代外務卿です。

薩摩や長州がスポンサーで、岩倉や三条がそのお金をばらまいて多数派工作をする構図です。文久の改革以降、多くの武家が公家を使ってロビー活動をするようになります。

もちろん最大のロビイストは徳川家です。といっても幕閣ではなく、慶喜とその取り巻きが徳川家の京都における代表となるのですが。薩摩が上は近衛から下は岩倉、長州が三条や澤と結びつくのに対し、慶喜は孝明天皇と中川宮と結びます。

こうして、いつの間にか政治の中心は京都に移ってしまいました。参勤交代緩和で大名は来ないわ、それどころか勝手に朝廷に政治工作して「勅命」を振りかざす。

将軍家茂は、上京を決断します。三代将軍家光以来、二百三十年ぶりの将軍上洛です。しかし、昔日の勢いはなく、極めて状況対処的な、儀式としての華やかさが無い上洛です。しかも、天皇周辺の尊皇論者は、「挨拶に来い」と言わんばかりの態度です。将軍権威の失墜を演出しようとしているようにも見えます。

文久三(一八六三)三月、家茂上洛に際し、孝明天皇は攘夷の期限を切ります。決行期限を五月十日としました。幕府は全国の大名に通達します。

ちなみに、この文書をよく読むと、「敵が港に近づかないよう防備を固めろ、敵が攻めてきても絶対に打ち返せ」といった書き方です。専守防備に徹することを示唆しており、戦を起こすなという本音が行間からにじみ出ています。命令を受けた側も、それはわかっている訳です。公武合体に伴う、妥協の産物の文書でした。

幕府は、ペリー以来、防衛の最前線にいます。ロシアの対馬占領では無力感を痛感させられました。そして今まさに、薩摩の生麦事件の始末に追われているのです。結局、幕府は賠償金を払うことで解決しようとしましたが、英国は薩摩の謝罪が無いと主張します。結果、英国が薩摩と直接交渉することを黙認することとなりました。

もともと、薩摩は開国派筆頭の藩のはずでした。それが、事故としか言いようがない状態で異人斬りを敢行し、一瞬にして日本一の攘夷の藩になります。

「薩英戦争」は「鹿児島砲撃」

七月、世界最強の英国艦隊《ロイヤルネイビー》が押し寄せてきました。薩英戦争です。

このとき、大山綱良《つなよし》や大山巌、それに五代友厚ら、後の重要人物となる人達が、スイカ売りに変装してイギリス船に乗り込もうと企てます。しかし、農夫の身なりにしてはあまりにも筋肉質な売り子ばかりだったので、見破られて失敗します。ほかにも、日露戦争の英雄の東郷平八郎や山本権兵衛が志願して従軍しています。当時十歳の山本は背も高く、年齢を誤魔化してもばれなかったそうです。

とはいえ、相手は世界最強の大英帝国。日本中が束になってかかってもかなわない相手です。現代のサッカーで例えるなら、鹿児島実業対プレミアリーグのような力の差がありました。一方的な艦砲射撃で、鹿児島の町は火の海になりました。ただ薩摩は事前に全員を疎開させていますので、死者はイギリスの方が多く出ました。しかも、薩摩の砲弾が敵の艦長にまぐれで命中もさせ、撤退に追い込んだので、「勝利」に沸き返りました。

孝明天皇も、「勝利」を嘉納する勅語を下賜しています。

ちなみにイギリスが「薩英戦争」などというふざけた名前を認めるはずが無く、「鹿児島砲撃」の名称でしか言いません。

とにもかくにも、薩摩は「勝利」を喧伝します。日本中で久光の人気が沸騰しました。もちろん英国との力の差など百も承知ですが、勢いに任せて賠償金は幕府に押し付けて終了です。

西郷も、「勝利」に喜びながらも、何もできない自分の不遇を嘆くばかりです。

歴史に埋もれた薩会同盟

ここで文久の改革以後の政界を整理しましょう。

公武合体により、孝明天皇に将軍家茂が呼びつけられる格好になります。政権の首班として実権を握るのは将軍後見職の一橋慶喜であり、政事総裁職の松平春嶽や京都守護職の松平容保、島津久光が支えます。彼らは中川宮と結びつき、主流派を形成します。しかし、一枚岩でもなんでもなく、春嶽は慶喜に距離を置き始めています。久光に至ってはずっと薩摩に居ました。彼らは、政権を独占してきた幕閣（譜代大名）たちから権力を争奪するまでは思惑は同じでも、いったん権力を握れば事情が変わるのはよくある話です。また、慶喜個人のエゴイスティックな性格もあり、不協和音は主流派内でも絶えません。慶喜としたら、藩主として一国を領する他の三人と違い、自分は独自の軍事力を持ちません。それだけに必要以上に居丈高に振る舞ったところもあります。

しかし、長州が三条実美らを使い孝明天皇に取り入る、あまつさえ政局の主導権を握るとなると話は別です。主流派の利益は一致します。

英国への「勝利」で勢いに乗る久光が上京し、京都の治安維持を司る会津の容保と手を組みます。薩会同盟です。今では鹿児島・福島双方の県民が言いたがりませんが、歴史の事実としてこんな同盟がありました。この時の三条実美は、天皇親征による攘夷断行を計画していました。天皇はこの動きを嫌っており、久光と容保は計画を阻止するよう中川宮を説得します。そして三条と澤ら側近、合計七人の公卿の追放が決定されました。八月十八日の政変あるいは七卿都落ちと呼ばれます。

涙ぐましいまでの薩摩の努力と言っていいでしょう。どれほどの泥をかぶり、人の恨みを買い、血を流してきたか。これに慶喜は、どう報いたか。

話は遅々として進みませんが、「参預会議」を招集します。公家側の問いに応えるという形で、大名が合議をする形式です。大名の構成員は、慶喜、松平容保、松平春嶽、山内容堂、伊達宗城、島津久光です。慶喜と（すっかり慶喜側近として定着していた）容保と四賢侯による「人材内閣」です。この頃には亡き斉彬に代わり久光が四賢侯と目されていました。しかし、この会議は機能しません。

久光らは頻繁に開きたいのですが、慶喜は聞き流します。いったん権力を握れば、島津ら外様など不要と言わんばかりの態度です。しかも対等の多数決で決める訳ではなく、家柄の高い者の意見が通る運用です。最も家柄の高い慶喜が弁論と討論の達人と来て、他の四人は太刀打ちできません。だいたい、何かあると慶喜がまくしたてて終わりです。もちろん、家柄を持ち出します。

こんな感じですから、破局は突然やってきました。

エゴイスト慶喜

文久四（一八六四）年二月、中川宮邸に慶喜、島津久光、松平春嶽、伊達宗城が宴席に呼ばれました。この時、すっかり泥酔した慶喜は、久光・春嶽・宗城の三人をまとめて「天下の大愚物」と罵倒し始めました。三人は絶句しますが慶喜はなおも中川宮に、「貴方は薩摩からいくらもらったんだ」とまで絡みます。恩知らずも甚だしい。

慶喜が意図的に参預会議をぶち壊すために仕組んだ、茶番劇でした。

どうでもいい話ですが、この時の様子、大河ドラマ『翔ぶが如く』では三田村邦彦が、同じく『徳川慶喜』では本木雅弘が全く同じ演技をしています。五人の座り位置から、慶喜が千鳥足で酔っ払い倒れていく方向まで一緒です。

とにもかくにも、慶喜は外様を切り捨てます。その空いた穴には京都所司代に桑名藩主松平定敬《さだあき》を加え、主流派を補完します。容保と定敬は、尾張藩主徳川慶勝の実弟です。慶喜は島津ら外様を散々利用しながら切り捨てました。人は、「一会桑」による政権だと看做します。実態は、慶喜が会津と桑名の武力を利用して政権を独占する体制です。各地で尊皇攘夷を唱えながら討幕の蜂起をする勢力が現れるたびに、会津と桑名は駆り出されます。

慶喜は、どこまでもエゴイストでした。

こうした中、すっかり政界で忘れられた存在と化していた西郷隆盛が赦免されます。文久四年一月、藩主茂久の提案に久光も同意しました。ここでも大久保の進言が効きました。文久の改革は実現したけれども、その後久光は主流派から追い出されてしまいました。

幕末政局において、西郷は徳川慶喜との戦いに奔走していくこととなります。

第四章　時代を動かす

人斬り半次郎

遠島の西郷が戻ってくるのは、八月十八日の政変の翌年、元治元（一八六四）年二月です。まずやったことは、亡き主君斉彬公の墓参りです。しかし、長い獄中生活のために足腰が弱くなり、這いずりながら参ったといいます。

西郷の赦免を認めたとき、久光は銀のキセルに歯型が残るほど強くかみしめたと言われています（毛利敏彦『大久保利通―維新前夜の群像』中公新書、一九六九年。松尾千歳『西郷隆盛と薩摩』吉川弘文館、二〇一四年）。

それは、そうでしょう。西郷に「ジゴロ」呼ばわりされながら、文久の改革を押し通した。しかし、その後は一橋慶喜に排除されて思うようにいかない。精忠組に動かされた息子で藩主の茂久が、状況打破のためには有能な工作員である西郷を呼び戻さねばならないと進言されて断る理由はありません。いまいましい話ですが。

中央では動きがありました。

三月、慶喜は将軍後見職を辞職し、京都御所の警護のために新設された禁裏守衛総督に就きます。この時点での政局を、慶喜の側から見ましょう。

自分の権力を脅かす最大の勢力は江戸の将軍家茂を擁する幕府の官僚機構です。二百数十年間政権を独占してきた譜代大名の支配に風穴を開けたと言っても、潜在的な実力は最強です。彼らは権力を握っています。また、越前の松平春嶽や薩摩の島津久光ら大藩の大名は独自の経済力と軍事力を持っています。一方、一橋家と言えば御三卿の名門ですが、独自の領地も、ということは軍事力も持たない、将軍家部屋住みにすぎません。

慶喜は、こうした根本的な不利を孝明天皇の権威で押しきろうとしたのです。軍事力は自分の言いなりになる会津と桑名を使えばいいと考えたのです。

以上、政界では誰が主導権を握るかで複雑に人間関係が絡み合いますが、前年の八月十八日の政変で京都を叩きだされた長州も、虎視眈々と復活の機会を窺っています。

西郷は職務に復帰した六月、腹心の桐野利秋を長州に派遣して情報を探らせています。

この頃の桐野は中村半次郎と名乗っており、「人斬り半次郎」として有名です。坂本龍馬の手下で勝海舟のボディーガードだった岡田以蔵とともに幕末を代表する剣豪とされています。とはいうものの、桐野は池波正太郎『人斬り半次郎』、岡田は司馬遼太郎『人斬り以蔵』といった時代小説の印象が強いのでしょうが。

敵地に行かせるのですから、自分の身を自分で守れる者を送らなければなりません。

喧嘩上手な高杉晋作

その頃、長州の内部はテンヤワンヤでした。前年から振り返ります。

文久三（一八六三）年、例の「五月十日までに攘夷を実行せよ」の勅命を本当に実行し、仏米両国の船に砲撃して返り討ちに遭っていました。二百五十年の友好国のオランダにまで喧嘩を売るというおまけつきです。さらに、八月十八日の政変で長州派の公卿が追放されました。七卿都落ちから二人抜けて、三条実美ら五卿となっています。ちなみに澤宣嘉は生野の変に加わるなど、独自の動きを見せ生き抜いています。

そして年が明けて元治元（一八六四）年八月、長州は英仏米蘭から報復を受けていました。四国連合艦隊砲撃事件（馬関戦争）です。

さらに性懲りも無く、京都に出兵して天皇を拉致しようなどという無謀な計画を立てています。

こうした一連の動きを主導したのが、三条実美です。当時の長州は中央政局に関わりたくないとする家老たち俗論派と改革を志す正義派に分かれ、命懸けの抗争をしていました。三条は正義派に尊皇攘夷を説き、煽っていたのです。家老クラスの連中も、軒並み乗ります。正義派もまた藩論を主導しようとし、藩主の率兵上京を主唱していました。これを最初は止めようとしていたのが吉田松陰の一番弟子と自他ともに認める久坂玄瑞《くさかげんずい》ですが、いつしか首魁に祭り上げられていきます。

ちなみに、無謀な強硬論に最後まで反対していたのが、松陰門下の「双璧」とされた高杉晋作です。高杉は自ら交渉役として乗り込んで四ヵ国相手に和議をまとめ、都への出兵にも反対し続けます。喧嘩上手な高杉としては勝てない戦はするべきではないというだけなのですが、喧嘩が弱い奴に限ってそういう単純な理屈が通じないものです。むしろ高杉は昨日までの仲間から命を狙われる有り様でした。

六月、京都守護松平容保の部下の警察部隊である新撰組が、長州の志士たちの隠れ家である池田屋を襲撃して現場で殺害しました。現代でも死刑廃止をしている国の警察は現場で犯人を殺害する権限を与えられている場合もあるので、新撰組が特に野蛮とは言えません。ただ「逮捕しようとしたら抵抗されたので殺害した」というのは言い訳で、最初から確信的であるのは間違いありません。それにおとなしく逮捕されたって拷問を受けるのに決まっているのですから。

池田屋事件がきっかけで、長州は出兵に決しました。

禁門の変と西郷の初陣

西郷はこうした情報（information）を探り、「これは会津と長州の私闘である」との判断（intelligence）を下しました。

七月、長州は京都に押し入ります。これを迎撃するのは、会津と桑名の兵です。長州はこともあろうに、御所に発砲までしました。禁門の変です（蛤御門の変とも言う）。

こうした状況下、西郷は出陣を決意します。西郷自身にとっても初陣です。乱戦の中、西郷率いる薩摩軍が久坂を狙撃し、大将を失った長州は大混乱で敗走します。戦いは一日で終わりました。

池田屋事件から禁門の変で、長州は多くの仲間を失いました。久坂の他に真木和泉も戦死しています。

敗れた長州の人々は、草鞋の右足裏に「薩賊」、左足裏に「会奸」と書いて、恨みを忘れまいとしたということです。とはいうものの、薩摩も周防沖で奇兵隊に船を砲撃沈没させられていて、これが第一次長州征伐に参加する一因でもありましたからお互い様ではありますが（前掲『大久保利通』八三頁）。

ついでに言いますと、一橋慶喜も自身で槍を持って戦っています。慶喜は個人的身体能力も高かったのです。

勝った側の一会桑と薩摩は、勝利に沸きます。

ただ、冷静に考えれば、会津も桑名も独力では長州を迎撃できていません。慶喜に至っては、その会津と桑名に軍事力を依存しています。自分で槍をふるってカッコいいところを見せる、「俺は軟弱なお坊チャンじゃなくて、喧嘩も強いんだよ」というパフォーマンスをしなければならない。はっきり言えばハッタリで周囲を幻惑しなければならないのです。

薩摩は手伝い戦に駆り出されてこき使われた格好ですが、戦いを勝ち抜いた意味は小さくありません。薩摩、そして西郷の存在感が増しました。

そういう時は、自分から動かなくても、状況打開の転機が向こうから転がり込んでくるものです。

禁門の変の事後処理で、長州は逆賊認定されます。そして政権一同は、長州征伐を決定します。ここまでは当然の流れです。

ところが、ここで征討軍の大将を誰にするかで大揉めに揉めます。能力的には慶喜なのですが、これ以上慶喜の権力が増大するのを喜ぶ人ばかりではありません。特に、京都で政局を進める慶喜に対し、老中たちは反感を持っていました。

結局、総大将である総督は御三家筆頭尾張藩主の徳川慶勝に決まりました。他家に養子に出ていますが、会津の容保も桑名の定敬も、慶勝の実弟です。いわゆる「誰もが納得する人事」です。平時ならともかく、これから戦争をするのに、身内の人間関係で事を決めてどうするのか。「誰もが納得する人事」など本音は全員に不満要素がある訳ですから、一瞬にして「誰も納得しない人事」に変化することもわからなくなっているのです。

たかが謀反人征伐、まだまだ徳川の権力は強いと思っても、内実はほころびが見え始めています。

勝海舟との会談

西郷は、慶勝の大参謀に任じられました。西郷は慶勝に気に入られ、すべてを任せてもらえる関係になります。一会桑の連中は、「あれでは西郷が総督ではないか」と悔しがりますが、一度決まったものは覆せません。

ちなみに慶勝という人は、かなりの世渡り上手です。幕末政局で将軍家に次ぐ徳川家の名門として要所要所で顔を出しながら、決して火中の栗は拾いません。西郷を重用したのを皮切りに、薩摩とも結びつきます。そして維新がなって慶喜の劣勢が誰の目にも明らかになると、新政府に味方します。そもそも、八代将軍の座を紀州家の吉宗と争って負けて以来、その血筋を引く将軍家など宿敵と言ってもいいくらいです。ドラマ「暴れん坊将軍」で、尾張藩が吉宗の命を何度も狙うのはフィクションですが、一枚岩の身内感覚など存在しないのは確かです。ただ、維新がなると実弟の松平容保と定敬の助命嘆願に動き、成功させていま す。引退後は悠々自適の人生でした。そうしたこともすべて、この局面で西郷に恩を売ったところから始まっています。

さて、西郷のところに一人の人物が訪ねてきます。勝海舟です。

勝はこの時、西郷より四歳上の四十一歳。幕府の改革派官僚として知られていました。軍艦奉行として海軍創設に携わり、海軍操練所を開設し坂本龍馬らに当たらせていました。しかし、党利党略でしか動かない政界に嫌気がさしており、そうした態度を隠さない勝への反感も強まっていた時期でした。

九月、西郷は勝と会談します。その時、勝は正直に政界の実像を西郷に伝えました。西郷は啞然としたと言います。自分の地位が上がれば、入手できる情報の質も上がるもの。なぜ徳川の道具として使われて、長州を叩きのめさねばならないのか。徳川に任せていては、慶喜とその他の連中が延々と主導権争いをするのみ。そんなことばかりやっていたら日本はどうなるのか、と考えるようになります。西郷は勝との会談で、長州に対して強硬だった姿勢を改めました。

単身長州に乗り込んだ西郷

もともと、西郷は工作員としての出だしからして、尊皇攘夷や開国佐幕といった政策にはこだわらずに人脈を形成していました。

西郷はありとあらゆるチャンネルを使って情報を集め、長州内の人間関係も見極めた上で、寛大な処分を提案します。

西郷は「長人をもって長人を処置」する方針を打ち出し、慶勝から全面承認されます。具体的には、禁門の変の責任者である三家老と四人の参謀の処罰をもって、攻撃を猶予すると伝えると、長州藩では優位に立った俗論派が藩政を握ります。家老らは処刑され、開戦は回避されました。ここまでは思惑通りです。

しかも、西郷は和議の使者として一人で長州に乗り込みました。護衛と身の周りの世話役として精忠組以来の側近の吉井友実と税所篤だけがついてきましたが、それでも長州の方が驚きました。長州にとって西郷は仲間を殺した宿敵なのですから。

この辺りの動き、西郷は後の政局を考えて動いているように見えます。ここで後の薩長同盟を意識していたと言ったら言い過ぎです。ただ幕府の言いなりに苦境の長州を痛めつけても仕方がないと判断したのは確かでしょう。

ところが、調子に乗った征長軍の中には甘すぎるとの主張が噴出し、これを西郷も抑えきれず、追加条件として「藩主毛利親子の謝罪文書の提出」「山口城の破却」「五卿の引き渡し」を突き付けます。

俗論派は良くも悪くも常識人で、正義派の始めた戦を続けるつもりはありません。むしろ中央政局から身を引けるなら、何でも言うことを聞くという態度です。ただ、「五卿の引き渡し」だけは信義に関わることなので難航しました。「長州は頼ってきた仲間を見捨てた」と言われたくないのは当然です。ここでも西郷が説得に駆け回り、五卿を下関から対岸の九州・筑前に移すということで妥協します。

そして十二月十五日、政変が起きました。正義派の高杉晋作が決起したのです（功山寺決起）。

これを西郷は静観し、自分の仕事である五卿引き渡し問題の交渉を進めます。ゆっくりと。そうこうするうちに、三条ら五卿自ら、長州を離れ北九州に渡ります。正義派が不利と判断したからです。これを知った高杉は「戦っている最中に」と激怒しました。しかし、それは長州の事情。西郷としては、仕事をしながら待つだけです。

結果、高杉は俗論派の政権を打倒しました（回天義挙）。たった一人で決起したら、完全勝利した。予想もつかない事態が起きました。

もしこの時、高杉の決起が成功しなかったら、長州がその後の日本の歴史を担うことはなかったでしょう。たとえば水戸藩のように、体制派と改革派が互いに殺し合い、粛清に継ぐ粛清で人材を殺し尽くしてしまう、そんな藩になっていた可能性もあります。まさか長州が外様最大の薩摩と手を組んで維新をやり遂げる。そんな未来は誰にも見えないのです。

年が明けた元治二（一八六五）年二月に、西郷は太宰府で五卿に会っています。和議条件の遵守を見届けた形です。こうして西郷は動かず、しかし正義派と連絡を取り情報だけは絶やさないようにしながら、戦後処理を終えて撤収していきます。

天狗党の乱、慶喜への嫌悪

政界に復帰してからの西郷は、かつての御庭方ではなく薩摩藩重役です。前が「派閥の領袖の秘書」なら、今は「派閥の幹部代議士」くらいでしょうか。第一次長州征伐で示したように、西郷自身がアクターとなっていきます。

西郷は政界を観察していくうちに、徳川の世ではもう持たない、特に慶喜の人間性を激しく嫌うようになります。

長州問題で明け暮れていた元治元（一八六四）年、水戸では天狗党の乱が発生しました。水戸と言えば慶喜の生家です。西郷が私淑した藤田東湖、あるいは御庭方として駆け出し以来の仲間の武田耕雲斎らもいます。その耕雲斎が東湖の遺児の小四郎らとともに尊皇攘夷を求めて武装蜂起したのです。

耕雲斎は「慶喜に想いを伝える」との名目で西上しますが、慶喜は無視します。これを西郷は保身のためと看做します。天狗党は、慶喜の実兄で藩主の慶篤の説得にも応じず、暴徒と化していきました。この間、西郷は桐野利秋を派遣して藤田や武田に密会させ、何とか軟着陸を目指しましたが徒労に終わります。

慶喜と慶篤は討伐軍を派遣し、「主君に弓引くわけにはいかぬ」と天狗党は投降しました。そして首謀者の耕雲斎や小四郎以下、投降したものの半数が斬首となりました。

慶喜としては国政で難局に当たっている時に、暴徒に付き合えないという態度でした。このやり方に西郷と大久保は、慶喜への不信感を強めます。やり方はあまりにも悪かったとはいえ、慶喜を慕って行動した者、しかも降伏した者への斬首というやり方に、西郷は怒ったのです。

薩長同盟を模索

元治二（一八六五）年、西郷は三度目の結婚をしました。相手は岩山八郎太直温《なおあつ》の娘イト（糸子）です。この女性とは死ぬまで添い遂げ、三人の子宝に恵まれます。

とはいえ、西郷は結婚式の数日後には福岡へ向かいます。長州征伐の撤兵条件として筑前に移された五卿の待遇改善のためでした。

そして、西郷と大久保は薩長同盟を模索するようになります。幕末維新を大回天させることの同盟を誰が言い出したかは諸説あります。坂本龍馬説、高杉晋作説、ハリー・パークス英国公使説などなど。また、どの時点で「同盟」と呼べる実態が伴うようになったかにも議論があります（それは後で述べます）。

ここで押さえておいてほしいのは、この同盟は双方の合意によって成立するものですが、最終的には薩摩に選択権があるということです。

まず現状では、草鞋の下に「薩賊会奸」と書き、「会津」の「奸」とともに「薩摩」の「賊」を毎日踏みつけにしている長州の者どもと手を組む交渉などできるのか。そもそも、交渉などはじめられるのか。はじめたところで話がまとまるのか。

何より、同盟が結ばれたとしても意味をなすのか。それに、万が一にも露見したら薩摩征伐にもなりかねません。

単純に、慶喜が冷たいから敵の敵の長州と組もう、とはならないのです。長州にとっては渡りに船でしょうが、薩摩にとってはやってもやらなくてもいい賭けです。

同盟を結ぶ交渉というのは、互いに思惑があり、ある意味で戦をするのと同じです。組織の命運を決めるという点では。さらに一般論を言えば、同盟など先に頼みに行ったほうが足元を見られます。

交渉事というのは、相手に甘いことを言う役ときついことを言う役がいる方が、うまくいきます。西郷は長州との同盟に動き始めますが、大久保は比較的慎重でした。慎重なのは当然で、長州と話をすること自体が危険なのです。

長州で正義派政権が樹立されたことで、慶喜は再征を決心します。そもそも西郷がまとめてきた寛大な処分案にも不満でした。今度は自身が出馬します。

衰えたとはいえ、徳川は巨大権力。長州だけで立ち向かえる相手ではありません。しかも長州は朝敵扱いなので、外国から武器を買うことができません。

坂本龍馬は歴史ファンタジー

ここに土佐の浪人である坂本龍馬が現れ、仲介を申し出ます。長州は、米は豊作だが武器を買えない。逆に、薩摩は不作で苦しんでいる。そこで龍馬の会社である亀山社中が薩摩名義で外国から武器を買い、長州の米と交換する。恐ろしく単純化して説明すると、本質はそうです。ただ、単純に本質を突いた話が一瞬でまとまれば、世の中苦労しません。薩摩も長州も、しがらみがあるのですから。

龍馬と盟友の中岡慎太郎は東奔西走します。しかし、薩長同盟は彼らの力で成し遂げたという物語は幕末のファンタジーです。龍馬や中岡は、いわば政治ゴロです。よく言って、フィクサーです。くどいようですが、龍馬らが何を言おうが、薩摩が首を縦に振らねば、同盟は実現しないのです。彼らにその力はありません。では役割は何か。薩摩と長州、双方の伝令です。ただし、単なる伝書鳩ではなく、双方の意図を連絡し合うのが役目です。そうして思惑を知るうちに、利害を調整していく。外交交渉とは、そういうものです。西郷もかつては斉彬の手駒として仕えた経験があるので、龍馬たちの使い方は心得ています。

慶応元（一八六五）年五月九日、西郷は側役から大番頭に昇格します。しかし、家老待遇は拝辞しました。もともと門閥でもなんでもありません。あれよあれよと中央政界で活躍する西郷は、嫉妬の嵐に晒されている訳です。

藩主の茂久は黙認、国父の久光は大久保が抑えてくれる、さらに家中を家老の小松帯刀がまとめてくれるという状況があったからこそ、西郷は動き回れたのです。これを押さえないと、薩長同盟における西郷の行動が読み解けません。決して西郷個人は薩摩藩内で盤石の権力基盤があるのではないのです。

閏五月二十三日、歴史家の間で謎と言われ続けている事件が発生します。「西郷隆盛、すっぽかし事件」です。

坂本龍馬の斡旋で、西郷は下関で長州の重役である木戸孝允と会う約束をしていました。西郷とも面識がある白石正一郎という商人の家で会おうという話になっていました。しかし、西郷は「上方の情勢の緊迫」を理由に、すっぽかしたのです。木戸は激怒するやら絶望するやら。龍馬がなだめすかしました。

薩長同盟が歴史を動かすことを知っている我々からしたら、貴重な会談です。西郷の真意は謎とされ、大久保が同盟に反対していた、幕府に情報が漏れたなど、歴史家の想像をかきたてています。

確かに、当時の上方には緊迫した情勢はありません。しかし、この時点で長州との同盟など、「慶喜への意趣返し」以上の意味は無いのです。危険を冒す価値があるのか。本来は。当時の常識で言えば、薩摩としても危険を冒して長州と同盟するよりは、幕府に頭を下げていたほうが安全なのです。

しかし、逆にこの西郷のドタキャンで話が進めやすくなったとも言えます。薩摩に負い目ができたことで、薩摩のほうから言い出しても勘定が合います。普通ならここで、決裂してしまうところですが、本当に困っている長州としては、他に選択肢はありません。藁にもすがる思いです。

盟約の当日になっても、薩摩も長州も自分から言い出したのでは面子が立たないと意地を張り合って話が進みません。この辺りの細かい言葉のやりとり、言いだしたらキリが無いので省略しますが。

私（倉山）も色々史料を見ましたが、薩摩から言い出した格好のようです。

薩長同盟の諸説

一年かけた交渉の末、慶応二（一八六六）年一月、薩長同盟が結ばれます。学者先生の間では、同盟が結ばれたのが二十一日か二十二日かとか、この段階では「同盟」ではないから「盟約」にすべきだなどと論争があるようです。代表的な主張をいくつかあげます。

青山忠正氏は「この時点では軍事的な攻守同盟ではない」と主張し（『明治維新と国家形成』吉川弘文館、二〇〇〇年。この説の初出は、「薩長盟約の成立とその背景」『歴史学研究』第五五七号、一九八六年）、薩長同盟論争が起こります。

これに対し、宮地正人氏は全否定し、旧説を支持します（「中津川国学者と薩長同盟」『街道の歴史と文化』第五号、二〇〇三年）。

高橋秀直氏は、「盟約の成立は慶応元（一八六五）年九月段階であり、慶応二年の段階では既に成立している同盟の確認」との説を唱えます（『幕末維新の政治と天皇』吉川弘文館、二〇〇七年。この説の初出は、「幕末史のなかの薩長同盟」『幕末から明治へ―時代を読み解く』同志社大学人文科学研究所ブックレット一九、二〇〇四年）。

真逆の説が家近良樹氏で、薩長両藩全体の総意としての同盟として機能するのは慶応四（一八六八）年五月になってからであるとします（『西郷隆盛』ミネルヴァ書房、二〇一七年）。なお、家近氏の伝記は大著で、非常によくまとまっています。遅ればせながらですが、本書でも大いに参考としました。

いずれも幕末史の第一線の研究者なので、それぞれ一理あります。誰が正しいとか間違っているとかではなく、同じ史料に示された事実をどのように評価するかの議論であり、どこの部分を強調するかによって結論が変わってくるのは当然です。

ただ薩長同盟は、本書のテーマである西郷隆盛の「工作」の代表的な事件ですから、少し丁寧に薩長同盟の実態を説明いたしましょう。

そもそも「同盟」とは何か？

そもそも、同盟とはどのようなものでしょうか。公然同盟と秘密同盟があります。慶応二年一月の段階では、秘密同盟です。当事者しか知りえません。同盟とはお互いの合意です。本質的には単なる約束です。

では、拘束力は何でしょうか。約束に法律のような強制力がある訳ではありません。言ってしまえば約束は破られない限り約束ですが、両方が守らなければ約束として機能しません。また、一方が破れば約束ではないのです。これは刑法など国内法は誰かが破っても法律としての効力があるのに対し、国際法は誰か一人でも破れば国際法ではないのと同じです。

国際社会における同盟も、国際法の一種です。わかりやすい例を挙げましょう。独ソ不可侵条約という条約がありました。この条約は、独ソ二ヵ国だけを拘束する国際法です。この条約を、ドイツが破りソ連に攻め込みました。この瞬間、独ソ不可侵条約という条約そのものが消滅します。ソ連だけが不可侵条約を守らねばならない義務はありません。

別の例を挙げます。日本の戦国時代の同盟です。上杉謙信と北条氏康は、武田信玄を仮想敵とした同盟を結んだことがあります。しかし、謙信も氏康も信玄相手に軍事行動を起こすことなく、同盟が機能しませんでした。氏康は死去に際し謙信との同盟を切り、信玄と同盟を結んでいます。この場合、軍事同盟は約束として存在しましたが、単なる口約束で機能しなかったということになります。

もう一つ、重要なことがあります。責任者同士の約束であるのか、それぞれの共同体の総意であるのかは、大きな違いです。前者の場合は、それぞれの共同体に対しどのような説得をできるかが同盟として機能するかの鍵です。

たとえばヨーロッパでは、十八世紀の同盟は王様同士の約束でした。国家とは王様の領地の事であり、王様が他の王様と約束したことは同盟条約なのです。もちろん守るかどうかは別ですが。それが十九世紀も後半になると、王様や首相が条約を結んできても国内で反対されることも増えてきました。だから批准という手続きがとられるようになります。もちろん秘密同盟が存在しなくなるわけではないのですが、それが機能するかどうかは責任者が国内を説得できるかにかかっています。

軍事同盟の常ですが、実際に一緒に戦い始めれば運命共同体です。どちらかが裏切らない限り。

以上を踏まえて、薩長同盟を考えてみます。

無かったことにできる同盟

慶応二（一八六六）年一月の時点、薩摩藩家老小松帯刀邸で西郷隆盛と木戸孝允が盟約を交わしています。内容は、長州が幕府と軍事衝突を起こした場合、薩摩が好意的中立を守るというものです。坂本龍馬が証人として文書にしたためていますので、現在まで伝わっています。薩摩藩主島津茂久と長州藩主毛利広封《ひろあつ》（元徳《もとのり》）が会見するのは慶応三（一八六七）年十一月のことです。

まず、薩摩と長州のそれぞれの藩の総意として同盟したわけではありません。いわば十八世紀型の同盟です。何度も繰り返しますが、長州は朝敵扱いされて孤立している上に幕府の第二次征伐が確実で、切羽詰まっています。一方の薩摩は一会桑政権で邪険にされて意趣返しを狙いたいところですが、一歩間違えれば自分も謀反人です。長州との同盟はリスクが高いのです。言ってしまえば、意趣返しのカードとして使えるのは良いが、あまりリスクを負いたくない。

ここまで状況を考えれば、おわかりでしょう。薩摩はいつでも裏切れる。長州は不安で仕方がない状態です。素浪人の坂本龍馬を立会とするなど、何の効果があるのか。気休め程度です。薩摩からしたら、幕府に同盟の存在がばれたとして、「まさか素浪人の坂本龍馬を立会に同盟したなど与太話を信じる訳ないですよね」と幕府にしらを切れる。

では、この約束を実体化させる方法は何か。いざ戦いが始まる段になれば、薩摩は裏で長州に武器供与などの支援をする約束です。ここで薩摩の意思が試されます。そして長州が戦場で幕府に勝利することです。ここで勝利し、幕府の威信を失墜させられれば、薩摩も単なる好意的中立から表立っての軍事支援も可能になります。

要するに、長州が負ければ薩摩は無かったことにする。勝てば、乗る。薩摩にとって、長州はいつでも切り捨てられるカードです。長州としては、それでも構わないから欲しかったのが、薩摩の裏面支援なのです。

お互いに思惑があり、力関係と状況で決まる。同盟とはそういうものです。

さて、薩摩は薩英戦争、長州は馬関戦争でヨーロッパ列強の強さを思い知りました。薩摩は生麦事件の成り行きで戦ってしまいましたが、もともと藩論は開国です。長州は尊皇攘夷の藩でしたが、高杉の決起で正義派が政権を握ると「武備恭順」を旨とするようになります。現実に即時攘夷は不可能なので、軍事力を蓄える路線にしたのです。両藩は同じことを考えていました。高杉はクーデター後、適材適所の観点から身を引き、政権を木戸孝允、軍権を大村益次郎に任せます。木戸が西郷と薩長同盟を進めたのはこれまでの通りです。なお、大村は西郷に関して強い不信を抱いていますが、二人が衝突するのは先の話です。

英国公使パークスと兵庫開港問題

幕府が行政に熱中し、政治をほったらかしにしている間に、薩長は密かに同盟を結びました。

では、幕府は何に熱中していたのか。神戸開港問題です。

井伊直弼が結んだ安政の不平等条約で、開港が決まりました。これは孝明天皇の勅許を待たずに調印されましたから、井伊は攻撃され、遂には桜田門外で暗殺されました。孝明天皇にとって、京都と目と鼻の先の神戸を夷狄に開放するなど恐怖以外の何物でもありません。

天皇と側近の中川宮は強烈な攘夷論を振りかざし、それが幕末政局を振り回しています。列強からは約束通りの開国を要求され、朝廷からは開港どころか鎖国への逆戻りすら要求される。政権担当者は、完全な板挟みです。

歴代幕府当局者は頭を悩ませていました。一人を除いて。

その一人とは一橋慶喜です。慶喜は文久の政変による政権獲得の際は将軍後見職という幕府の人間でした。それも今は辞め、禁裏御守衛総督という朝廷の人間です。慶喜が政界の最大実力者であるのは衆目の一致するところですが、行政問題を処理するのは幕府の権限と責任ですから、この問題に不関与でいられます。むしろ、外国にいい顔をしながら、幕府の官僚たちを攻撃することもできます。それでいながら、最側近の板倉勝静を老中に送り込むのに成功しています。家茂を支える幕閣が手をこまねき信望を落としているのを尻目に、自分の人気取りだけに腐心した成果でした。

結局は明治維新で国を開くので、本質的にどうでもいい問題ですが、当時の人たちにそれはわかりません。延々と、「神戸を外国に開くかどうか」「天皇のお許しを得られるかどうか」で何年も揉めているのです。もちろん、こんなことは目先の行政問題にすぎず、「日本を外国の植民地にさせない為には何をすべきか」という政治問題とは次元が違います。幕末日本は、些末な行政問題に振り回されて大事な政治問題を忘れていたのです。

六月、業を煮やしたパークス英国公使は、兵庫開港について西郷に相談を持ちかけます。パークスは薩長同盟の動きを察知しており、日本の国内政局にも関与しています。また、兵庫開港問題で薩摩が「勅許を得るべきだ」と主張することで決定を遅らせていたので、懐柔しようとしたのです。もちろん、西郷は一切の言質を与えません。

最近、俗書で「幕末日本の黒幕はイギリスで、薩長は駒にすぎない」という論調が多いのですが、一次史料の裏付けはありません。逆の立場で考えましょう。パークスがどうやって、薩長に言うことを聞かせるのか。もちろん世界最強最大の大英帝国の国力を背景に交渉するのですが、英国艦隊《ロイヤルネイビー》とて始終パークスの傍にいる訳ではありません。パークスが西郷にどこまで影響力を行使できたかは議論の余地がありますが、少なくとも命令権限がある関係ではありません。仮にパークスが黒幕だとして、外国人に言うことを聞かせるのがいかに大変か。昭和の大日本帝国が、満洲国や汪兆銘《おうちょうめい》政権に言うことを聞かせるのがどれほど大変だったか。現代のアメリカがイラクのマリキ首相やアフガニスタンのカルザイ大統領に言うことを聞かせられなくて難渋していたのを見れば、「命令すれば言うことを聞く」などという簡単な話にならないのは理の当然です。

西郷から見ればパークスは、「商売相手の外国人」にすぎません。とうてい、操る操られる関係ではありません。この頃すでに、フランスのレオン・ロッシュ公使は慶喜に肩入れしています。いわば与党への食い込みは先行されているのです。後発のパークスは野党に食い込もうとしている段階です。こういう時、パークスがやることは西郷と信頼関係を構築し、幕府に抵抗しようとしている長州にテコ入れすることです。優秀な工作員は、インテリジェンスの基本は信頼関係だと承知しています。もちろん相手に見くびられてはなりませんが、黒幕めいた態度はとらないものです。この時期の西郷とパークスは利害関係が一致し、利用しあう関係です。

パークスはフランスのロッシュと組んだ慶喜に翻弄され、イラついている状態なのです。その慶喜も、長州正義派政権樹立に歯嚙みしました。慶喜は西郷の主導した寛大な和議に我慢なりませんでした。そもそも、周囲の反対で自分が征長総督になれなかったのが不満でしたから。

大久保利通一世一代の名場面

この頃の将軍家茂はすでに病気がちで、いつ死んでもおかしくない状態でした。慶喜は、自分が責任をとらない立場で、勝手に事を動かします。第二次長州征伐が、政治日程にのぼってきました。薩長同盟は、この日に備えてのものでした。

慶喜は西国大名に出陣を命じ、大坂に兵を集結させます。既に政局の中心は江戸ではなく、京都に移っています。幕閣の影響力を、朝廷の権威を使って削ぐことになりました。慶喜はさらに大坂城にこもることで、朝廷からの干渉も排し、独自の求心力を持とうとしたのです。そもそも大坂城は軍事要塞であり、兵権は朝廷ではなく武家の大権です。

ところが、早々に兵を集めたことが逆効果でした。己の威令で大軍を集めるのはデモンストレーションとしては効果的ですが、兵士たちの滞陣中の食料はどうするのか。宿泊施設の維持も重要です。米の値段が高騰し、大坂商人たちの反発が強まります。

そもそも、いったん降伏したものを、なぜ自分から攻撃しに行くのか。大義名分がわかりにくい上、いつまでも進発が決まらないことに戦う前から厭戦気分が広がりました。慶喜が自分の権力を誇示したいという私利私欲も、透けて見えます。

ここで薩長同盟の真価が問われる一場面が訪れます。稀代の名外交家大久保利通、一世一代の名場面です。

慶喜の最側近である老中の板倉勝静が、薩摩藩重役の大久保を呼びつけ、西国の雄藩である薩摩にも出兵命令を出します。

もし出兵命令を受け容れたら、どうなるか。自動的に薩長同盟は消滅です。逆に拒否したら、どうなるか。長州と共に逆賊認定されかねません。ちなみに仮病という手を使える場合もありますが、この時点での徳川と薩摩の力関係でそれをやると、宣戦布告扱いされかねません。

たいして大久保は事前に建白書で拒否の意向を伝えておきます。

その上で、呼び出された時は、大久保は耳が遠いフリをし、板倉を苛立たせます。そして押し問答の末、「名分のない戦には一兵たりとも出せない」と出ていきます（前掲『大久保利通』一〇五頁）。

このシーンを、なぜ歴代大河ドラマが再現しないのか不思議ですが。

とにもかくにも、大久保の尋常ではない交渉力により、薩摩は長州への仁義を通しました。

慶喜としては、「ほっておけ」と言うしかありません。ここで大久保を再度呼び戻し力ずくで命令を聞かせようとしても、出陣が遅れるだけです。薩摩などいなくても長州一藩など討てるという姿勢を、ムキになって誇示します。慶喜は朝廷の許可を得て、出陣します。

第二次長州征伐に中立を守った薩摩

慶応二（一八六六）年六月、第二次長州征伐が開始されました。陸と海に四方向から攻め込んだので、山口県民は「四境戦争」と呼びます。大村益次郎の用兵は神業的で、東に西に幕府軍を撃退し、かえって逆襲に転じる有り様です。前線では高杉晋作が幕府軍を翻弄する奮戦をみせます。この時の高杉は既に結核で死期が迫っていて、己の二十八歳の命を日本に捧げるつもりで戦っていたのです。高杉は海を渡って小倉城を攻略します。慶喜の命令で無理やり集められた幕府軍に戦意が無かったのが、この意外な展開の理由です。負けたら後が無い長州は、鬼気迫る勢いでした。

これを「同盟」を結んでいる薩摩はどうしたでしょうか。

何もしません。する訳がありません。あくまで、「薩長同盟」は長州が幕府に攻められたとき、薩摩が中立を守る条約なのです。中立とは本来は「交戦当事者双方の敵」です。しかし、例外はあります。本来、薩摩は幕府の命令に応じて長州の敵にならねばならない立場です。ところが中立を守った。幕府に敵対することであり、長州に好意的です。これを好意的中立と言います。何もしないことが如何に薩摩の命運を賭した外交交渉を伴うか。そして交戦中に中立を守ることが、どれほど長州の利益になるか。しかも裏では武器支援までしています。

慶喜ついに将軍に

そして、長州は勝ちました。もし長州が負けていたら薩長同盟など歴史の闇に葬り去られていたかもしれません。しかし勝利は空証文をも実体化させます。

四境戦争の間、西郷は薩摩に帰国していました。藩論を薩長同盟、武力討幕に傾ける工作です。藩主の茂久は物わかりがいいですが、国父の久光は西郷とそりが合いません。久光の周辺には、成り上がりの西郷に反感を持つ者が結集します。だから西郷は昇進の話を遠慮して、何度も断っています。連中から見れば西郷や大久保は、「外国で好き勝手やっている外交官」のようなものです。長州と組んで幕府に弓を引くなど、もってのほかです。

西郷は穏健で知られる家老の小松帯刀と共に、茂久を説得し、さらに久光を説得し、という形で話を進めます。他の反感を持つ連中はというと、無視です。その種の人たちは、特に何の見識を持つわけでもなく、西郷たちのやることに不平不満を言いたいだけの人たちなので。しょせん江戸時代は最終的には殿様絶対です。現代の会社でも、社内重役の多数の反感を買っていても、社長とオーナーの会長の二人だけを押さえておけば後は知らんぷり、というのもよくある話です。

さて、長州征伐開始から一ヵ月後の七月二十日、将軍家茂が死去しました。二十一歳の若さです。子供はいません。

戦況不利にもかかわらず、慶喜は自ら長州に出陣して一撃だけでも戦果を挙げようとしました。しかし、家茂の死を大義名分に征伐を中止します。その過程でも逡巡があり、これでもかとみっともないのですが、そこは省略します。慶喜が「亡き家茂の代わりに出陣する」

と言ったかと思うと「やっぱり、やめた」と言を翻し、それに振り回された会津と桑名の怒りが爆発します。桑名は藩主の定敬が押えましたが、会津は許してくれません。幕末政局に関わる藩と言えば、薩長のように藩政改革に成功した裕福な藩ばかりです。ところが会津は忠誠心と使命感で京都まで遠征しているのです。それが慶喜の権力欲に振り回されて、とうとう容保も抑えきれなくなったのです。

それでも慶喜は、意に介しませんが。

事ここに及んでは、次期将軍は政界最大実力者の慶喜以外に居ません。反感も強く、御三家筆頭の尾張慶勝や御三卿の田安亀之助（後に慶喜の養子、家達《いえさと》）の名も挙がります。しかし、政界の常識では彼らを推しても難局に当たれるとは思えません。

当時、「政令二途」という言葉が飛び交っていました。朝廷と幕府の両方から命令が飛んできて、日本国としてバラバラであるとの意味です。パークスも西郷との会談で「天皇と将軍、二人の国家元首がいるようだ」と苦言を呈しています。西郷もパークスに言われるまでもなく承知していますが。実態は、朝廷は陰謀の巣であって諸勢力が跳梁跋扈。幕府も江戸にいる幕閣と京都に居る一会桑で主導権争いを繰り広げます。それに政権参画をはかる外様大名。そのすべてを振り回しているのが、一橋慶喜でした。

だったら、慶喜が将軍になるのがスッキリします。

ところが、慶喜は一筋縄ではいきません。

慶喜は徳川宗家の継承のみを承諾し、将軍就任を固辞する姿勢を見せたのです。見え透いた芝居です。初代将軍家康以来、徳川宗家の頭領が征夷大将軍なのです。分離はありません。みなから推戴されるのを待っているのです。

木戸孝允は「神君家康以来」と警戒し、西郷は「独自の軍事力を持たなくてもあれだけの政治力を発揮するのに、将軍を継いだらどうなるのか」と恐怖感に襲われます。一人、京都に居る大久保利通は将軍就任阻止運動を行いますが、無駄です。西郷や小松と連絡を取り久光の率兵上京を求め、四侯会議を使って圧力をかけようとします。

しかし、朝廷は慶喜の盟友の中川宮が仕切り、関白の二条斉敬《なりゆき》以下有力公卿らは親慶喜派です。むしろ孝明天皇が早く将軍宣下したいほどですが、慶喜が焦らす有り様です。慶喜は側近の原市之進を使って朝廷工作を進め、十月には天皇に拝謁します。工作が実って、将軍同様の待遇を受けての参内です。(前掲『幕末維新―消された歴史』九二〜九五頁)。大久保の工作など、蹴散らされて終わりました。むしろ大久保が朝廷工作を進めるほどに天皇の薩摩不信を呼びます。あげく、薩摩寄りの公家である山階宮《やましなのみや》や三条実愛《さねなる》が閉門処分とされてしまいました。藪蛇です。大久保の応援に西郷や小松が上京しますが、打つ手なしです。すごすごと退散します。

十二月五日、慶喜に将軍宣下がなされます。

フランス型行政府、慶応の改革

その年の暮れ、孝明天皇が崩御しました。あまりにも突然なので、暗殺説も当時から飛び交いましたが、証拠はありません。流行の天然痘です。

慶喜は後ろ盾の孝明天皇を失い、十六歳と幼少の明治天皇の下で維新が行われるので歴史の結果から逆算して「孝明天皇の崩御は慶喜にとって痛かった」と主張する論者もいます。それが暗殺説の根拠になっていたりします。古くから岩倉具視による暗殺説がありますが、蟄居中です。宮中の女官であった岩倉具視の妹が殺したという説にも無理があります。

何より、当時の政界を見ましょう。

中川宮は健在です。関白二条斉敬は幼少の天子就任ということで引き続き明治天皇の摂政になります。左大臣兼任です。太政大臣は不在。右大臣の徳大寺公純《きんいと》、内大臣の近衛忠房も、慶喜に逆らう度胸はありません。朝廷の主流派は孝明天皇が崩御してもなお親慶喜派がズラリです。薩摩はかろうじて、親しい近衛内大臣と通じているくらいです。

将軍就任で、日本全国に対する命令権、軍事力と経済力を持ちました。巨大な官僚機構も掌中です。この日に備え、側近の板倉勝静を老中に送り込んでいました。もはや会津や桑名など不要とばかりに、冷たく突き放します。より正確に言うと、一会桑というのは非公式な派閥にすぎません。幕府は「御公議」の名が示す通り、公権力です。会津や桑名を重用しない限り自然と疎遠になるものですが、将軍就任後の慶喜は幕閣と物事を進めるようになります。「将軍になったのだから何が悪い?」と言わんばかりです。いいように使われた会津と桑名が可哀そうですが、冷血人間の慶喜は意に介しません。国事優先です。

慶喜は改革に着手し、着々と成果をあげます。江戸の改革と言えば享保の改革(徳川吉宗)、寛政の改革(松平定信)、天保の改革(水野忠邦)ですが、これで終わったわけではなく、その後も幕府はいろいろな改革を試みています。嘉永の改革(阿部正弘)、安政の改革(井伊直弼)、文久の改革(島津久光)があり、そして今また慶応の改革(徳川慶喜)が行われようとしています。

慶喜はフランス公使ロッシュの協力を得て、横浜製鉄所の建設や軍備の拡充などを図ります。また、老中を陸軍・海軍・国内事務・海外事務・会計の専任制にするなど、組織を変革します。事実上の内閣制度、フランス型行政府です。

薩長にイギリスがつき、幕府にフランスがついたとはよく言われることですが、このとき慶喜は明確にフランスに舵を切ります。詳しいことは拙著『嘘だらけの日仏近現代史』(扶桑社、二〇一七年)をご参照ください。

薩摩の「少数野党結集」策

西郷、大久保、木戸の見立ては間違っていませんでした。慶喜が将軍に就任し改革が着手される頃には、激変する政局の中で第二次長州征伐の失敗など忘れられていました。

薩摩も、ここで引き下がるわけにはいきません。

西郷は宇和島の伊達宗城や土佐の山内容堂に会い、上京を促します。島津久光と松平春嶽を入れて、四侯会議が開かれました。定例会にして、外様大名の意見を通そうとしたのです。しかし、芳しくありません。彼らとて政権参画はしたいのですが、巨大な政治力を誇る将軍慶喜に対抗する術は無い。四人まとめて会いに行っても、相手は征夷大将軍。ただの将軍後見の時すらかなわなかった相手が、征夷大将軍の権力まで身に着けている。彼らの意見など一顧だにされないまま、会議は散会して終了です。

膠着状態の中、薩摩は薩長同盟だけでは足りないと考え、土佐藩とも結ぼうとします。しかし、土佐というのは藩論が分裂していて何も決められず、機能しません。浪人の坂本龍馬は器用ですが、しょせん政治ゴロなので、話を持って走り回ることはできても、彼自身が交渉の主役となる役どころにはありません。同じ工作員でも西郷は今や薩摩藩重役。坂本龍馬はこのときでも、斉彬の秘書時代の西郷よりも弱い立場です。あくまで使い走りとして重宝されるけれども、最終的に話をまとめる黒幕にはなれないのです。

土佐藩内の世論もバラバラです。薩長同盟派は坂本龍馬など下位の人間で、上位の山内容堂は親慶喜、真ん中が日和見主義者と、大まかにこのような分布でした。そこで薩摩は、家老格の後藤象二郎や板垣退助に目をつけ交渉します。

板垣は西郷と意気投合し、薩土同盟路線の主唱者となります。しかし、後藤は幕府との二股です。よりによって、薩長同盟の時に奔走した坂本龍馬までが、後藤の路線です。国父の山内容堂に至っては親慶喜一辺倒です。巨大与党の慶喜に対し逆らうなど思いもよりません。

それでも、薩摩の「少数野党結集」策は、なおも続きます。

慶応三（一八六七）年六月には薩土同盟、続いて九月には薩長芸同盟、十月には薩土芸同盟が結ばれています。芸とは安芸です。この藩の家老に辻将曹《しょうそう》という実力者が居て、薩長に近づきます。しかし、腰のふらつく人物で頼りになりません。薩長と土佐を天秤に掛けるような有り様です。これが、安芸が幕末史で忘れられる理由です。

辻率いる安芸藩は、第一次長州征伐では広島が征長軍の陣地となったものの、和議につくします。第二次長州征伐では幕府の命令にもかかわらず、出兵を固辞しています。そして薩長同盟に混ざるのですが、土佐の後藤が大政奉還の建白を出すと同調して、薩長の不信を招き討幕運動からは外されます。最終的に戊辰戦争では、またまた新政府側で派兵するのですが、勝ち目が見えてからの参戦です。日和見がたたって、維新後の政界ではパッとしません（『幕末・維新全藩事典』人文社より）。

教科書的理解では第二次長州征伐から孝明天皇崩御へと討幕の流れが一気に加速するかのような書き方ですが、当時の政界にそんな気配はまるでありません。

巨大与党に対し、少数野党。薩摩の工作は進展せず、長州は逆賊のまま。薩長同盟は固まっていきますが、では同盟の目的の討幕はと言うと、目途が立ちません。

未来への意思

こうした状況で明確な意思を持っていたのは、大久保利通です。

慶応三年は一八六七年です。未来人である我々は、この年の意義を知っています。大久保利通が徳川慶喜に戦いを挑み、勝利した年です。しかし、当人たちは知りません。

これまでの事実を並べただけでも、慶喜のエゴイストぶりはおわかりでしょう。己が権力を握るという一点で、どこまでも冷酷に人を切り捨てられる。如何なる手段を使ってでも己の立場を強化する、怪物政治家です。単に非情なだけでなく優秀でした。行政を切り盛りするとの意味では、最高の政治家でした。若い頃から英才の誉れ高く、多趣味な教養人でもあります。個人的な身体能力も高く、武芸百般に通じ、戦場での指揮も卓越していました。名門の生まれで、日本一の人脈を誇っています。そして今や最高権力者の征夷大将軍です。すべてを手にしていた完全無欠の政治家でした。ただ一つを除いて――。

未来への意思です。

大久保が慶喜に勝てたのは、未来への意思。この一点です。

政治とは、意思と意思の闘争です。

慶喜は徹底した現状主義者です。今、目の前の問題を切り抜けることにかけては天才的な曲芸師ですが、グルグルと皿をただ回しているだけで、一歩も前に進みません。その現状が続けばどうなるか。おそらく慶喜中心の政治が続けば、間違いなく日本は外国の植民地になったでしょう。西郷が沖永良部島で嘆息した如く。

大久保も、政治に如何なる幻想も持ち込まない現実主義者です。だからこそ、慶喜中心の政治という現状を打破しなければ未来はない。いかに困難でもやり抜くしかない、そのためには如何なる手段も使う。それが大久保のリアリズムでした。

外様の大名どころか、家老ですらない。それでも大久保は、突き進みました。周囲からは異常人物とみられました。当の薩摩でも。しかし、怯みません。周囲の人たちの機嫌を取っても、日本の運命は開けないのですから。

大久保は朝廷工作に奔走します。幸い、孝明天皇崩御と明治天皇践祚《せんそ》に伴う恩赦で、岩倉具視が復帰しました。大久保は岩倉と組んで、「討幕の密勅」を引き出そうと工作します。慶喜が文久の改革以降、権力を握り続けたのは孝明天皇を押さえていたからです。ならば、逆賊にしてしまえば形勢は一気に逆転できる。そして、その孝明帝はこの世にはいない。そこに突破口を見出しました。

密勅が引き出せたとして、現実の軍事力はどうするか。それを担うのが西郷です。薩長同盟を進め、土佐や安芸など西国雄藩を巻き込む。政界工作は西郷の年季が入っています。長州の山縣有朋《やまがたありとも》と武力蜂起の手順を詰め、土佐の板垣退助の訪問を受ける。着々と武力決戦に備えます。

小松帯刀の存在感

大久保や西郷は何をやっているのか？　そうした批判が足元の薩摩から出ます。二人の失脚を心配しなければならない局面も何度もありました。それを抑えたのが、家老の小松帯刀です。小松は大久保や西郷のような異常な才能の持ち主ではありませんが、二人の才能がわかる上司ではありました。小松がいなければ、大久保や西郷の運命はどうなっていたかわかりません。

薩摩の動きは、慶喜にも伝わります。慶喜は冷静に政局と力関係を見ていました。そして本人なりの未来図を描いていました。大政奉還論による新政府樹立です。

薩長が何をやろうが軍事力は幕府が上だ。フランス式の軍制改革も進んでいる。政治力を使えば、土佐の切り崩しは可能であり、むしろ薩長を孤立させられる。そもそも現時点で政権担当能力があるのは、官僚機構を擁する自分だけだ。唯一恐れるべきは、朝廷が薩長に討幕の密勅を下した時だけで、その時は日本中が敵に回る。ならば、先手を打って政権を返上し、出方を待つ。朝廷にも薩長にも政権担当能力は無いから、自分を中心にした政権に戻る。旧来の幕府ではなく、公家・大名・その他の武士から人材を募り、改革に邁進する。

それでは旧来の幕府体制に政権参画を求めてきた、阿部正弘以来の政局と何も根本的には変わりません。しかし、松平春嶽や山内容堂は長年それを求めてきたのです。慶喜・春嶽・容堂は大政奉還論に傾きます。慶喜の本音は、政権返上どころか、権力維持です。

坂本龍馬が船中八策で言いだし土佐の藩論になったかどうかは知りません。そもそも龍馬の船中八策は、たぶんに横井小楠の〝コピペ〟ですし。龍馬暗殺は松平容保旗下の見廻り組説が通説ですが、薩摩黒幕説を疑う人もいます。しかし、自分のところに出入りしていた政治ゴロが意に沿わないことをやり始めた……。それで殺していたら、殺し屋が何人いても足りないでしょう。少なくとも当時の常識では、薩摩が龍馬を殺すとは思われていませんでした。実際、龍馬の弟分で後の明治の名外相の陸奥宗光は、新撰組に殴り込みをかけていますし。それに薩摩が本気で殺したい土佐人は、間違いなく山内容堂でしょう。最も邪魔する動きをしている実力者ですから。龍馬ファンには申し訳ないですが、薩摩としては龍馬を殺しているほどヒマではないのです。

大久保が必死の朝廷工作をしている間にも、慶喜は動きます。慶喜は決めたら電光石火です。

大政奉還の建白

慶応三（一八六七）年十月十三日、慶喜は大政奉還を大名に諮問します。「大政奉還」を描いた有名な絵があります。慶喜が一段高い上座に座り、その前にずらずらと大名が座って頭を下げているあの絵です。あれは大政奉還当日の光景ではなく、その前日に慶喜が二条城に諸大名を呼んで諮問している図です。「どう思う？」と聞かれて、反対意見を述べる大名など召集していません。あくまでも上様と臣下です。「あんた、どうせまた人を騙す気だろ」「お前を支持するのは今日までだ〜」などと言う大名など慶喜が呼ぶはずありません。

翌十四日、大久保は必死の工作で討幕の密勅を得ました。

しかし同じ日、慶喜から大政奉還の建白がなされました。

十五日、大政奉還の勅許が下りました。この日から慶喜は領地のことなどを連日、朝廷に延々と細かく尋ねにきます。朝廷の行政処理能力を問うているのです。

簡単に音を上げた朝廷は、二十二日「日常政務は、これまで通りに」、二十六日「外交も内政も、これまで通りに」との返答を慶喜に与えます。

薩摩は土佐に援兵を求めましたが、事もあろうに土佐は慶喜に密告します。西郷は板垣との関係で土佐を薩長側に引きずりこもうとしたのですが、容堂が慶喜ベッタリでした。

坂本龍馬と中岡慎太郎が暗殺されたのは十一月十五日です。本当に薩摩黒幕なら、暇すぎです。

十九日、幕府が諸外国に江戸新潟の開港延期を通告します。「私、将軍をやめてしまったので、いろいろと取り込んでおりまして、約束は果たせません」と慶喜得意の先送りがはじまりました。二十八日、幕府がロシアと関税約書を交わします。日々の行政をしっかりこなしていますし、外交権はしっかり掌握しています。外国の外交官も慶喜が政権を手放したとは思いません。

そして十二月七日に兵庫開港となります。安政以来の懸案を解決しました。外国の公使たちの信頼は、慶喜に集まります。薩摩に肩入れしているイギリス以外は拍手喝采です。

しかし、大久保と西郷はあきらめません。

大久保は慶喜に対して辞官納地を要求します。内大臣の官職を辞め、領地を返上せよと要求したのです。将軍を辞めるだけではなく、政界から引退せよと迫っているのです。完全に喧嘩を売っています。ある種、破れかぶれとも言える行動です。せっかく引き出した倒幕の密勅が使えなくなったので、徳川の非を鳴らしまくり、挑発するわけです。

「短刀一本あればカタがつきもんそう」

この時の大久保の論理は、当然のことながらあまり説得力がありません。周囲の反応は、なぜ政権返上して、日本のために尽くすという慶喜をそこまで排除するのか、です。しかし、大久保は一歩も引きません。

これに武力の裏付けを与えたのが西郷です。

十二月八日の朝議で、岩倉具視が薩摩・土佐・安芸・尾張・越前の重臣を集め、王政復古に協力を要請します。西郷の周旋で、五藩の兵を集める根回しが出来上がります。この時、毛利親子の赦免を決め、長州は逆賊ではなくなります。三条実美の赦免も決まります。

翌九日、五藩の軍隊が突如として出現し、勅命と称してその日まで御所を守っていた会津・桑名を追い出し、警備と称して居座るまま、会議が始まります。小御所会議です。五藩の藩主が会議に集まっているので、藩士たちが守るという理屈ですが、強引です。ちなみに、会津の指揮下の新撰組はこの時を最後に二度と御所に戻れず、逆賊として討伐されていく運命にあるのは、御存じの通りです。

五藩の兵士を指揮するのは、西郷です。西郷は強引に、というか刀で脅して二条摂政や中川宮も追い出します。完全にヤクザの恫喝ですが、西郷は腹を決めるとこういうことができる男です。西郷と大久保、そして岩倉は慶喜排除に賭けていました。

主な出席者は、五藩から徳川慶勝・松平春嶽・浅野茂勲《もちこと》・山内容堂・島津茂久。ややこしい久光は国許です。公家では、あの和宮を十四代家茂に取られた有栖川宮、文久の改革で勅使となった大原重徳らが目立ちます。

大久保や後藤象二郎も参加者ですが、この中では格下です。

会議は岩倉と容堂の怒鳴り合いに他全員が息を飲み見守るという様相でした。

辞官納地を求める岩倉に、容堂が猛反論します。容堂は別名「鯨海酔侯」と自ら号するほどアル中気味ですが、この時も泥酔気味でした。

容堂が慶喜を呼ばない欠席裁判の非を難じたまではよいのですが、「幼少の天子を擁し……」と岩倉らが明治天皇を傀儡化していると批判した瞬間、岩倉は「今日の会議は宸断によって出づるもの。幼少の天子を擁し、権力を盗み取るとの言、無礼甚だしい」と逆襲します。岩倉は、「土佐、土佐、返答せよ」と迫り、容堂は「大失言〜」と放心します（以上、主に『岩倉公実記』より）。

本当に明治帝が言いだしたわけではなく、建て前です。岩倉は気迫で押しました。

そこへ春嶽が割って入り、容堂に代わり慶喜の出席を主張し、私語が始まったので一時休憩となります。

ここで、西郷の伝説が生まれます。

岩倉と大久保が控室に警護中の西郷を呼び出し、状況を説明し、意見を求めると、西郷が一言。

「短刀一本あればカタがつきもんそう」

要するに、いざとなったら容堂を殺せということです。

これに対し、二人は、

「あ、そっか」

と一瞬で諒解したとか。

西郷が話した相手は大久保ではなく会議出席者で家老の岩下方平《ほうへい》だったとか、そもそもそんな会話があったかどうかなど、研究者の間で議論はあります。細部はともかく歴史を動かした大事なことを述べると、岩倉と大久保らの決意を漏れ聞いた容堂は、休憩明けの会議でマトモに発言することなく、慶喜の辞官納地が決まりました。

そして岩倉や大久保がかねて決めていた通り、王政復古の大号令が出され、新政府の人事が発表されます。

総裁が有栖川宮、議定に公家の中山忠能《ただやす》や五藩の藩主たち。参与に岩倉他、五藩から三人ずつ入ります。もちろん、西郷と大久保も新政府の参与です。

王政復古の大号令で、神武創業の精神を宣言しました。そして将軍職だけでなく、摂政、関白、幕府を廃止します。武家伝奏や京都所司代、その他、新撰組を擁する京都守護職なども、無くなります。それまでの、先例がどうのこうのというお役所の論理を効かなくさせるためです。

この日は、岩倉を押し立てた西郷と大久保が勝ちました。

しかし、慶喜の逆襲はここからです。

西郷と大久保の武力討幕の意思

十三日、慶喜は大坂城に籠り、兵も集結させ、得意の政治力を行使します。

肥後、筑前、阿波などの兵を動かし、彼らに薩摩への撤兵要求をさせます。慶喜の呼称は「上様」を維持、待遇も前内大臣のままです。「辞官納地」するはずですが、「辞官」はともかく、軍隊を集めているわけですから「納地」があやしい。

十六日、慶喜は大坂城に外国公使を集め、「これからも政権を担当する。日本のHead of Stateは自分だと思ってほしい」と宣言します。まったく権力を手放す気がありません。

王政復古の実は削られています。大久保は焦ります。天皇に詔書を出してもらおうとしますが、松平春嶽と山内容堂に阻止されました。

挙げ句の果てに二十二日、「徳川祖先の制度美事良法は其儘《そのまま》被差置……」との告諭が出ます。危うく王政復古の大号令も撤回させられるところでしたが、これだけは阻止しました。

大政奉還で慶喜のほうが押して、王政復古の大号令で薩長が押し返してみたけれど、さらにその後、しっかり押し返されてしまったのです。

またもや劣勢です。それを撥ね返したのは大久保の意思であり、それを支えた西郷です。

京都の大久保と大坂の慶喜がにらみ合っている。そういう状況の中、西郷は慶喜の本拠地の江戸に工作員を送り込みます。西郷の手下は薩摩藩邸を拠点に、火付け、盗賊などを実行し、江戸を荒らし回りました。慶喜は挑発に乗らないよう厳命していましたが、とうとう耐えかねた幕閣が庄内藩兵に命じ十二月十五日に薩摩藩邸を焼き討ちにさせます。さらに慶喜の許可も得ず、軍勢を率いて上洛してきます。慶喜もやむなく出兵に同意しました。

研究者の中には、この策動は西郷の策動ではなく、現場の暴走だとの説を唱える人がいます。要するに「西郷さんは目的の為に手段を択ばない謀略家ではない」と言いたいのでしょうが、贔屓の引き倒しです。大久保と西郷の武力討幕、というより慶喜打倒の意思は明らかです。そんなに衝突を恐れるならば、工作員を引き上げればいいのです。慶喜が挑発に乗らないのは、政治力で確実に勝利しようとしているからです。戦場で決戦となれば、また第二次長州征伐のようになりかねません。だから、無理やりにでも戦場に引きずり出して決着をつける以外、西郷らに勝ち目はないのです。怪物政治家・徳川慶喜を相手には。

むしろ、江戸での工作は西郷の真骨頂と言うべきでしょう。

薩摩軍に翻った錦の御旗

慶喜軍は京都に向かい、薩長が迎え撃ちます。世に言う、鳥羽伏見の戦いです。集まった兵力は薩長が五千、慶喜が一万五千。徳川の底力、恐るべし。依然、三倍の兵力を相手に戦わねばならないのです。客観的には無謀です。大久保や西郷は何を考えて喧嘩を売ったのか。

大久保利通は戦いが始まるときに漏らします。「皇国の事、すべて瓦解土崩、大御変革も尽く水泡画餅と相成るべく」（前掲『大久保利通』一二八頁）と。しかし、勝機を探して必死に動くのが大久保です。この人の意思は尋常ではありません。

西郷率いる薩摩軍は徳川の猛攻を必死に防ぎます。また長州軍を率いる大村益次郎は、巧みな用兵で徳川軍を翻弄します。

土佐は容堂が、これは薩長と徳川の私戦だから、土佐藩兵は一兵も動かさないと宣言しましたが、板垣退助が勝手に兵を率いて参戦します。

その他、尾張・越前・安芸は中立です。

ちなみに、薩長土肥と言いますが、この時点で肥前は佐幕です。国許から動きません。

初日は薩長がやや有利のまま、持ちこたえました。この間に行われた大久保と岩倉の朝廷工作が歴史を変えました。

二日目、錦の御旗が薩長軍に翻りました。

この瞬間、幕府軍に雪崩現象が起きます。幕府軍は潰走を始めました。真っ先に逃亡したのは徳川慶喜その人です。

大坂城で戦況を見守っていた慶喜は、幕府の軍艦開陽丸に乗り、いまだ戦っている新撰組ら兵士を見捨て、江戸に逃亡を始めました。同乗した板倉勝静、松平容保、松平定敬らも唖然とするほかありません。水戸の生まれで尊皇家の慶喜には逆賊となるのは耐えられなかったのです。が、これまで付いてきた人たちにとっては、たまったものではありません。総大将の不在を知った将兵は、おのおの戦闘をやめて戦場を離脱しました。

薩長軍の完勝です。

真の意味での討幕が、西郷や大久保が求めてきた討幕がなりました。もはや徳川慶喜が政治の中心に復帰する状況は無くなりました。

工作員・西郷隆盛の長い戦いは、ここに勝利に終わります。

第五章　最大の友に殺される悲劇

日本国家を打ち立てる

遂に三百年続いた徳川幕府が政治の中心から追い払われる日が来ました。

維新回天、なる。

我々は世界史の奇跡と言われる明治維新を知っています。天皇の名のもとに中央政府を作り、「政令一途」を実現する。税金を中央政府に集めて、国家全体の軍を創る。不平等条約を今すぐ撤回させる実力が無い以上、外交は「武備恭順」でやり過ごすしかない。その為には「殖産興業」で「富国強兵」をはかる。すなわち、日本国民による日本国家を打ち立てる。国民国家になることです。

江戸の知識人は、間違いなく日本の歴史の中で最高に知的水準が高い人びとだったでしょう。列強の侵略の脅威の中、何をすればよいかの解を知っていました。しかし、知っているのと実行できるのは、まったく別の話です。

政治に携わる人間は、誰もが現実を見ます。

文久の改革以降の政治において、常に中心となっていたのは徳川慶喜でした。誰もが徳川慶喜抜きの政治はあり得ないと考えていました。そうした当時の政界の常識に異を唱え、

「絶対に慶喜を排除する」と決心していたのは大久保利通であり、西郷隆盛です。

アヘン戦争以来、危機感を抱いた幕府は多くの改革をなしてきました。天保の改革、安政の改革、文久の改革、そして将軍慶喜による慶応の改革。そのいずれもが中途半端に終わりました。

慶喜は徳川三百年のしがらみを背負った人物です。慶喜がいる限り、日本は国民国家になることはできない。それには自分が最高権力を握り、責任を負うしかない。そうした大久保の意思が、慶喜を倒しました。

そうした大久保を支えたのが、西郷です。西郷は大久保と共に慶喜排除に邁進しました。しかし、その後は二人の間に温度差が現れ、そして悲劇的な結末を迎えます。

再び、鳥羽伏見の戦いに戻しましょう。

肥前の寝返り

慶応四（一八六八）年一月十二日、大坂城から江戸に一目散に逃げ帰った慶喜に対し、周囲は再起をけしかけます。

特に熱心だったのがフランス駐日公使のロッシュです。ロッシュは大坂城まで慶喜に決戦を呼びかけに行きましたが、この時はイギリスの駐日公使パークスに邪魔されました。ロッシュはそれまで肩入れしていた慶喜が政権を放逐したのでは、すべてを失ってしまいます。そこで慶喜を説得に来たのですが、その情報を察知したパークスが一緒についてきたのです。二人で会わずに、明らかに薩長に肩入れしているパークスも同席させるなど、慶喜のやる気のなさが現れています。

ロッシュは江戸まで慶喜を追いかけていき、なおも説得します。しかし、慶喜は首を縦に振りません。

それどころか一月十五日、ロッシュと懇意の親仏官僚の小栗上野介《こうずけのすけ》を罷免します。頭の回転の早い慶喜は、もはや大勢が決した掃討戦を受ける側なのだと観念しているのです。

西からは有栖川宮を総督とする征討軍がやってきます。既に雪崩現象が起きており、多くの大名が次々と薩長側に寝返ります。その最大の藩が肥前です。

肥前藩は、独自に近代化を成し遂げていました。

さかのぼること文化五（一八〇八）年八月、日本は徳川家斉の大御所時代の真っただ中。平和ボケの最中です。ヨーロッパはナポレオン戦争の最中で、我が国の友好国のオランダはフランスに併合され、イギリスの攻撃を受けていました。イギリスの軍艦フェートン号が日本に向かっていたオランダ船を追いかけまわしたあげく長崎湾内に侵入し、薪水や食料を巻き上げていきました。世界最強の英国艦隊の軍艦を前になすすべもなく、薪水や食料を差し出してお引き取り願ったのです。長崎奉行松平康英は不始末の責任をとって切腹、遺書には肥前藩の怠慢への抗議がしたためられていました。長崎御番の港口警備の担当は肥前藩だったのですが、規定の兵を揃えておらず、この事件に対応できなかったのです。揃えていたところで何ができたかわかりませんが。

そのフェートン号事件の屈辱で、肥前藩は独自に富国強兵・殖産興業をはじめました。国主の鍋島閑叟《かんそう》は賢君として知られており、不治の病とされていた天然痘のワクチンを輸入し種痘をはじめるなど、開明的な人でもありました。改革の成果があり、当時世界最新鋭のアームストロング砲という移動式の大砲を独自に生産できるだけの技術を身に付けました。大隈重信《おおくましげのぶ》、江藤新平、副島種臣《そえじまたねおみ》といったテクノクラートも生み出します。

大隈重信は言わずと知れた早稲田大学創設者で二度にわたり総理大臣を務めています。明治初期には大蔵省で大久保利通の側近として働き、外相として条約改正にも当たっています。この人は西郷とはそりが合わない人でした。

江藤は司法行政の整備に携わり、裁判所制度や民法典編纂の基礎作業に携わります。四民平等などの開明的政策、あるいは学制導入という、要するに今の小学校の制度を導入するのに中心的役割を果たしました。西郷側近のような立場で、後に大久保と激しく対立します。

副島は政体書の起草など新政府の体制づくりに携わることとなりますが、真価を発揮したのは外交で、英国や清国と張り合います。

慶喜が最後に頼ったのは誰か。徳川三百年を支えた官僚機構です。朝廷や薩長などに政権担当能力があるのか。常識で考えればその通りでしょう。しかし、肥前が佐幕を捨て朝廷についたことで、薩長は国づくりに必要なテクノクラートを手に入れることができたのです。それは、旧来のしがらみを引きずらなくてよいということです。

そもそも肥前は佐幕の藩で、中央政局への介入を避けていました。しかし、鳥羽伏見の戦いで薩長が勝利するのを見るや藩是を変更しました。アームストロング砲と近代的訓練を積んだ肥前兵の参加で、薩長は勢いづきます。

人材や知識、技術の多くを温存し、幕末の武器庫、明治の頭脳として近代日本に貢献してゆくこととなります（毛利敏彦『幕末維新と佐賀藩』中公新書、二〇〇八年）。

西郷吉之助ほどのものがいるか

もはや大勢は決しました。ここに江戸城での有名なシーンがあります。

前将軍慶喜と前老中板倉勝静の会話です。もはや滅んだ幕府の重臣たちが居並ぶ中、慶喜が問いかけます。

慶喜「今ここに西郷吉之助ほどのものがいるか」
板倉「おりませぬ」
慶喜「今ここに大久保一蔵ほどのものがいるか」
板倉「おりませぬ」

板倉をはじめ誰も「ここにおりますっ、私が！」と言えないところが、徳川家の限界です。慶喜も板倉も権力を握った時に行政を切り盛りする、あるいは政局能力には長けているのですが、ただそれだけです。彼らに任せていたら、どんな未来が待っているのか。

慶喜は賢い人ですから、自分を排除することの先に日本が生き残る未来を見ていた、西郷や大久保を認めていたのかもしれません。

二月十二日、無駄な抵抗はやめろと部下たちに諭すがごとく、慶喜は寛永寺に謹慎して恭順の意を示します。

その間にも征討軍は東上しています。長州や土佐の恨みを買っていた新撰組隊長の近藤勇が、処刑されました。勢いは止まるところを知りません。

二月、西郷は東征大総督府下参謀に任命され、江戸へと向かいます。慶喜排除派の筆頭です。この時点で慶喜の命は風前のともし火でした。

しかし、腐っても鯛。徳川にも忠臣がいました。

慶喜を殺させてはならないと、中級武士にすぎない山岡鉄舟が動きます。鉄舟は、元軍艦奉行の勝海舟を頼りました。海舟は第一次長州征伐の後、三年も失脚していましたが、鳥羽伏見の敗北を機に再び召し出されていたのです。鉄舟は勝海舟に書状を書いてもらい、駿府まで来ていた西郷に会いに行きました。

そのとき薩摩藩士の益満休之助《ますみつきゅうのすけ》をつれていて、益満が「薩摩藩士だ〜」と叫びながら進んだので、二人は官軍の間をするする通り抜け、無事、西郷にたどりつくことができました。

この益満休之助は、西郷の部下で、鳥羽伏見の戦いの前、西郷の命を受けて幕府を挑発すべく、江戸で強盗騒ぎなどの騒乱を起こしていた工作員です。江戸城の留守を預かる幕府首脳はこの事態に対処すべく庄内藩などに命じて江戸薩摩藩邸を襲撃し、それが鳥羽伏見の戦いへとつながっていったわけですが、このとき益満は捕らえられています。しかし、処刑される直前に勝海舟が引き取っていました。勝は、この益満を、山岡鉄舟のボディーガードとして、この江戸総攻撃の直前に効果的に使ったのです。こうなったときのために勝は益満を匿ったのです(前掲『西郷隆盛伝説の虚実』一一四〜一一五頁、山岡鉄舟『剣禅話』タチバナ教養文庫、一九七一年、一九四〜一九八頁)。

この時の条件は、以下です。

一、江戸城を明け渡す。
一、城中の兵を向島に移す。
一、兵器をすべて差し出す。
一、軍艦をすべて引き渡す。
一、将軍慶喜は備前岡山藩の池田家にあずける。

鉄舟は五番目にだけは食い下がりました。岡山藩主茂政は慶喜の実弟ですが、しょせんは外様大名です。罪人同様の待遇という意味です。しかし、西郷は命を助けてもらえるだけでもありがたいと思えと言わんばかりの態度です。

高圧的な態度を崩さない西郷に、鉄舟は「立場を入れ替えて考えてください」と嘆願します。もし島津の殿様が今の慶喜の立場だったら貴方は絶対に受け入れられない条件を突き付けているると、切々と情理を説いて訴えました。

西郷は、鉄舟を「金もいらぬ、名誉もいらぬ、命もいらぬ人は始末に困るが、そのような人でなければ天下の偉業は成し遂げられない」と評しました。

三月十三日、江戸高輪の薩摩藩邸で西郷隆盛と勝海舟が会談しました。西郷と勝は丸二日間におよぶ会談を行います。

概ね、鉄舟が求めたとおりの内容で慶喜の降伏と江戸総攻撃中止が決められました。そして、四月十一日、江戸開城の運びとなります。慶喜は水戸に下り、その後徳川父祖の地の駿河に移されます。鉄舟の嘆願が入れられた形となりました。

戦火を免れた百万都市

この会談の背後には、パークス英国公使がいました。貿易の利益が縮小することを恐れ、これ以上の戦乱を回避したかったということです。西郷の判断にパークスの影響がどれほど大きかったかは、維新史専門家による今後の研究の結果を待ちたいと思います。

少なくとも、戊辰の役を通じて、外国による軍事介入はありませんでした。しかし、戦乱が長引き長期化すれば何が起きたかわかりません。鉄舟の嘆願を受け容れた西郷の判断は賢明だったと言えましょう。

百万都市が戦火を免れました。江戸の庶民は西郷に感謝します。

慶喜に裏切られた会津や新撰組としてはやり場のない怒りをぶつけるしかありませんが、戦いに犠牲者は付き物です。慶喜にしても、自分が生き残ることが新生日本の為だという言い分があるのです。

あきらめきれない人たちは、なおも抵抗を続けます。薩長土肥による新政府軍は、そのすべてを撃破します。

五月、旧幕臣は彰義隊を結成し、上野の寛永寺に立てこもりましたが、大村益次郎により一日で粉砕されました。戦場を寛永寺という狭い範囲に限定し、そこを肥前から持ち込んだアームストロング砲の餌食にする。第二次長州征伐で圧倒的な幕府軍を撃退した大村の用兵は、冴えに冴えまくります。大村はこの時、次の敵は薩摩だと看做しており、あたかも薩摩に対する威嚇の如く幕府軍を屠っていきました。

東北諸藩は五月初旬、最終的には合計三十二藩による奥羽越列藩同盟を結びますが、無駄な抵抗以外の何ものでもありません。とはいえ、彼らには他にどんなすべがあったかわかりませんが。特に会津は新撰組や見廻り組を使い、薩長の志士たちを大量に殺害しています。仲間の恨みを晴らさんと、猛攻を加えました。仙台の伊達や米沢の上杉は行きがかりで会津に与しますが、戦意はありません。

会津戦争では白虎隊の悲劇が有名で、何度も映像化されています。少年まで投入せざるを得なかった会津の状況が偲ばれます。初めからまったく勝ち目はなかったのです。

なお、福島と鹿児島は今でも仲が悪いので有名です。最初から敵だった長州も憎いが裏切った薩摩はもっと憎いということだそうです。しかし、さんざん利用しておいてギリギリのところで裏切った慶喜が一番憎いのが本音とか。昨日まで御所を守っていたのに、突如として賊軍です。戊辰の役では東北地方は、一方的に蹂躙される羽目に陥ります。

ただし、庄内藩は別でした。薩摩の江戸屋敷を焼いたのは主に庄内藩士だったので、藩主酒井忠篤《ただずみ》はじめ藩士たちは過酷な裁定を覚悟していたものの、参謀の黒田清隆の対応は丁寧で、処分も寛大なものでした。降伏後、藩主・藩士は謹慎を命じられたものの、帯刀は認められ武士として処遇されました。一時国替えの動きもあったものの、賠償金の支払いに代えられ、それも半額ほどで打ち切られ残りは免除されたということでした（前掲『西郷隆盛と薩摩』五九頁）。

それが西郷の配慮であったとわかり、庄内藩の人々は感激します。土地の人は今でも西郷さんみたいな立派な人間になりなさいと子供たちに教えているとのことです。戊辰の役が終わると庄内の人は何度も鹿児島を訪ね、西郷に色々な教えを受けています。西南の役で逆賊となった西郷の汚名が帝国憲法発布の恩赦で晴れた後、西郷の教えをまとめて出版したのが『南洲翁遺訓』です。

なお、黒田清隆は、後に西郷や大久保の死後に薩摩閥の領袖となり、第二代総理大臣になる人物です。薩英戦争に参加、薩長同盟締結に際しては西郷の使者として何度も長州と行き来している側近です。五稜郭の戦いでも、海事と国際法に通じた榎本武揚《たけあき》の才能を惜しみ、助命嘆願に奔走している、情のある軍人でした。

戊辰の役と距離を置いた西郷

こうして、上野寛永寺の戦いからはじまり、奥羽越列藩同盟が抵抗した東北地方での戦いと足かけ二年にわたり続いた戊辰の役は五稜郭の戦いで終わりました。

ただ、江戸無血開城以降は、そのすべての戦いが薩長土肥による追撃戦です。もはや、政治問題から行政事項になります。行政事項とは、いつどのように攻撃するかが問題なだけで、難しい政治判断を必要としなくなるのです。薩長土肥による新政府軍が勝つに決まっている戦いなのです。

そして、本書の主人公である西郷隆盛は、目に見えてやる気をなくしています。

一つには、戊辰の役全体を指揮した大村益次郎と、人間的に合わなかったことが挙げられます。

大村は第二次長州征伐（四境戦争）以来、数々の軍事的才能を発揮しています。それだけに人を見る目は厳しく、西郷を信用ならない人物と睨んでいました。

西郷隆盛は情を重んじ、人間関係を軸としています。人望があり、他人から信頼されることが命綱なのは、本書で何度も強調してきました。要するに、「いい人」と思われていることが西郷の最大の武器です。他人から「いい人」と思われているからこそ、いざという時に泥をかぶれる。大村は、そうした西郷の本質を見抜いており、警戒心を隠しませんでした。西郷は、戊辰の役の途中で、突如として鹿児島に帰ってしまいます。後に五稜郭の戦いでは呼び戻されますが、西郷が着いた時には戦いは終わっていました。

何とも締まらない話ですが、事実だから仕方がありません。

戦いに生きた革命家

戊辰戦争のさなか、慶応から明治に改元されます。薩長中心の明治新政府が船出をしました。ところが、西郷は薩摩に戻り、参政の地位に就きます。

このころ、西郷や大久保の中央での活動を陰に陽に支えてくれた小松帯刀が深刻な病気にかかっており、明治三（一八七〇）年には三十六歳の若さで亡くなってしまうという事情もありました。優れた調整役であった小松を失い、大久保は遷都された東京から帰ってこず、薩摩では国主久光と討幕に功のあった武士たちの対立が先鋭化していました。後に明治草創期の帝国海軍創設に携わる川村純義《すみよし》などが、最も急進的でした。川村は、討幕出兵に反対した家老であり久光の息子でもある島津久治《ひさはる》を久光の面前で難詰し、辞職に追い込むような勢いでした（落合弘樹『西郷隆盛と士族』吉川弘文館、二〇〇五年）。

久光からしたら、自分から離れて好き勝手やった大久保は挨拶に来ない。下級武士までが功を誇り、自分を蔑ろにする。しかも、明治新政府は久光の嫌いな西洋化を推進している。久光はことあるごとに怒りを爆発させます。死ぬまでチョンマゲをやめず、廃藩置県に際しては大砲で花火をぶち上げて憂さ晴らしをするような御仁です。最終的には東京に出てきて左大臣の地位になりますが、もちろん名誉職です。

なお、初対面からそりが合わなかった西郷の事は後になって認めるようになったのか、明治六年の政変で失脚した西郷を慰めに東京から戻ってきたりもしています。

いずれにせよ、江戸無血開城以降の西郷は、目に見えてやる気をなくしています。

これに関しては、容易に理由が想像できます。西郷が優れた革命家だった証拠です。おかしな喩えですが、大久保と西郷は、キューバ革命で言えばカストロとゲバラに当てはまります。革命を成し遂げた後、独裁者として国づくりに邁進したカストロは大久保に当たるでしょう。一方のゲバラは、コンゴやボリビアに渡り、新たな革命を模索し続け、非業の最期を遂げています。西郷はゲバラと同じく、戦いの中でしか生きていけない革命家だったとすれば、説明に不自然はありません。

いみじくも大久保が、「私《わし》の国のものは政治には役に立ちません、戦《いくさ》にはいいが」との言葉を残しています（佐々木克監修『大久保利通』講談社学術文庫、二〇〇四年、六三頁）。

「薩長藩閥」と言いますが、明治ヒトケタ年代の大久保による「有司専制」はともかく、その後は長州閥が圧倒的です。いみじくも大久保の言う通りになりました。

薩摩と長州両方の派閥に属した人というのはほとんどいませんが、数少ない例外の一人が伊藤博文です。長州出身で木戸孝允の弟分でありながら、大久保利通に従っているという珍しい人です。なぜそうなったか。

大久保は周囲から「陰謀家」「権力亡者」と批判され続けましたが、それだけに自分は私利私欲のために政治をしているのではないという意識が強く、薩摩藩出身者だけを重用することなく、他藩出身者も積極的に重用しました。特に側近として用いたのが、肥前の大隈重信、長州の伊藤博文と井上馨です（大久保の死後、その三人の集団指導体制となり、明治十四年の政変で大隈が伊藤と井上に放逐される）。

また、大久保は木戸孝允にだけは徹底的に気を使っています。現実には長州の人間を邪険にしては政権がもたないという事情はありました。それに加え、薩摩の為ではなく日本の為に討幕維新をなしたのだという自意識が、派閥的行動を自己抑制させたのです。

明治四十年代末、大久保ゆかりの人々の回顧が『報知新聞』に掲載されています（前掲『大久保利通』。明治四十三年十月から連載されている）。証言者に共通しているのは、大久保が清廉潔白かつ無口で厳しい人だったという点です。大久保が部屋に入ってきた瞬間に全員の私語が止まるなど、大変に緊張感のある人でした。

大正期に首相となる山本権兵衛は、若い頃は生意気な青少年だったそうです。薩英戦争に十歳で参加しているぐらいですから、お飛び上がりだったのでしょう。戊辰戦争が終わって明治初年に入っても、まだ十代の若者でしたから、海軍兵学校に入りました。そこで教官が指導しようとしても「教官殿、実戦ではそんなことございません」と舐めた態度をとる可愛くない生徒であったらしいのです。そんな山本も、大久保だけは目線を合わせられなかったそうです。

西郷さんがいないと話が進まない

そんな誰もが一目も二目も置くような大ボスの大久保が清廉潔白な人であっても、討幕を成し遂げたという空気の弛緩は止められません。

よく言われるのが、「伊藤の女、山縣の金、井上の両方」です。大隈重信も豪勢な生活と金権体質は有名でしたし、板垣退助などは人生の節目節目で賄賂次第で仲間を裏切ります。

薩長が討幕をなした時、福澤諭吉は「あのような連中が天下をとるようでは日本も終わりだ」と後世のための人材を育成すべく、慶應義塾での教育に没頭します。

当時の雰囲気として、必ずしも明治維新で世の中がバラ色になったなどと思っている人ばかりではありませんでした。

西郷得意の「工作員」としての活動の場は、発揮しづらくなっていきます。

それでも、大久保は西郷を頼みとします。

明治新政府は、寄り合い所帯でした。俗に薩長土肥と言われますが、当初は江戸時代以来の派閥構造を引きずっていました。

確かに徳川慶喜と将軍家は排除しましたが、その他の勢力は残存しています。幕末政局は、政権を独占する将軍家と譜代大名による官僚機構に対し、公家・親藩・外様大名が政治参画を求めた闘争でした。

故孝明天皇と慶喜にべったりだった中川宮と二条斉敬摂政は排除されますが、有栖川宮以下の公家も新政府に参加しています。新政府には、御三家筆頭の尾張慶勝、松平春嶽、山内容堂、伊達宗城といった親藩や外様の大名の名も並びます。

新政府はやがて、太政大臣三条実美を首班とした派閥が独占していくのですが、この派は事実上、公家の岩倉具視・薩摩の大久保利通・長州の木戸孝允が主導します。ここに土佐や肥前が加わります。岩倉とて中級の公家、大久保や木戸に至っては昨日までは家来筋です。

上級公家や大名たちにとって面白かろうはずがありませんが、実際に徳川を倒したのは大久保や木戸たちです。大名は、古い時代の遺物として排除されます。

それが版籍奉還であり、廃藩置県です。

江戸時代の旧体制は、「幕藩体制」と呼ばれます。戊辰戦争により幕府は滅ぼしましたが、藩はそのままです。大名が先祖伝来の領地を有し、年貢を取る。そして彼らが勝手に軍隊を持っている。これでは、列強に対抗できません。大名たちから領地を取り上げ、税はすべて東京の新政府に集めねば、強い軍隊はできません。しかし、それをやろうとすると抵抗されるのは明らかです。

明治二（一八六九）年、妥協的かつ暫定的な措置として版籍奉還がなされました。それまで大名が治めていた領地をいったん返上させ、新政府が改めて知藩事に任命するという手続きをとりました。しかし、これでは名前が変わっただけで実態は変わりません。

明治三（一八七〇）年一月、鹿児島に引きこもっていた西郷の元を大久保が訪ねます。「西郷さんがいないと話が進まないから東京に来てくれ」というわけです。嫌がる西郷でしたが、大久保に請われ、十月には弟の従道にも説得されて、明治四（一八七一）年一月、上京します。

無血クーデター廃藩置県

二月、薩長土三藩からなる御親兵が編成されます。後の近衛師団です。西郷と大久保は政府部内で慎重に根回しを行います。そして最後は有無を言わせません。

西郷の根回しは冴え、反対しそうな三条実美や岩倉具視には一番最後に話を持っていき、有無を言わせず押しきるという調子です。久しぶりに現役復帰しても、「工作員」としての腕前は健在でした。

七月十四日、廃藩置県は断行されました。勅命が下ります。この瞬間、全国に二百六十ほど残っていた藩が一斉に廃止されました。事実上の無血クーデターです（松尾正人『廃藩置県―近代統一国家への苦悶』中公新書、一九八六年）。家臣筋の武士である西郷や大久保により大名たちの土地が一斉に奪われるという、本来ならば大政変なので「クーデター」という表現です。より正確に言えば、天皇の名で行われているので「カウンター・クーデター」でしょうが。とにもかくにも、日本中の政治・経済・社会を一斉に変えてしまう大事件ですが、ほとんど抵抗も無く行われました。

理由は二つあります。一つは、どこの藩も借金まみれだったので、政府が肩代わりしてくれるならありがたいとすら考えたのでした。もう一つは、旧大名である知藩事は東京に移住し、十分な生活費を保証したことです。今さら新政府と一戦を交えようとは誰も考えなかったのです。これが全国を相手に、東京の新政府が大改革をやり遂げた秘訣ですが、これだけのことをやるにはどうしても西郷の力が必要だったのです。

友情の岐路となった岩倉使節団

大久保にとって、西郷は頼もしい存在でした。安心してすべてを任せられる存在です。幼い頃からの竹馬の友です。しかし、ここから悲劇の幕が開けます。

西郷の運命をこの後、決定的に左右するのが、明治四年から六年にかけて欧米に派遣される岩倉使節団です。大使は岩倉具視で、副使を大久保利通・木戸孝允・伊藤博文、そして山口尚芳《なおよし》の四人が務めます。

ここで大久保が使節団参加を志願したことが、二人の友情の歯車を大きく狂わせるのですが、この時代、外国を一度でも見たいというのは悲願なのです。現に大久保は海外の事情を自分の目で見て、「とにもかくにも産業を興さねばならない」と国づくりに燃えて帰ってきます。大久保本人の人生にとってそれは良かったのでしょうが、取り返しのつかない代償を払うことには、まだ気づきようもありません。

留守を任される首班は太政大臣の三条実美ですが、最高実力者は衆目一致して西郷です。

他に、薩摩は黒田清隆、土佐は板垣退助、肥前は大隈重信と江藤新平、長州は山縣有朋と井上馨です。

岩倉らは「自分たちがいない間、重大なことを決めないでくれ」と協定を結びます。この協定は、最初は半年くらいで岩倉らが帰国する予定での約束でした。それならギリギリ待てないこともない。しかし結果的に、丸々二年も留守にしてしまいました。国づくりを止める訳にはいきません。

留守政府は主なものだけでも、府県の統廃合、陸海軍省の設置、学制の制定、国立銀行条例、太陽暦導入、徴兵令、キリスト教禁制の高札の撤廃、地租改正などなどを断行します。どれか一つでも大業績です。このときはゼロから近代社会の基盤を作らなければならないのですから、これくらいはやって当然です。何もしないなどという方が無責任なのです。むしろ留守政府の人たちは競って政策を進めるような雰囲気でした。

この時期、政策の中心は大蔵省です。大臣に当たる大蔵卿は大久保利通で、今で言う政務三役級の大蔵大輔《たいふ》の井上馨に留守政府への目付の役を託します。しかし井上は、大久保の使節団参加に反対でした。

この時の新政府は今のような省庁区分ができておらず、大蔵省が新政府の仕事の七割を抱えています。さらに他の役所からの予算要求を捌かねばならず、激しく対立していました。

攻撃の急先鋒は司法卿の江藤新平です。全国に裁判所を設置したい江藤と、財政難を理由に首を横に振る井上。裁判所の必要性は井上にも理解できますが、いかんせん税収が足りません。そもそも、廃藩置県により年貢を各地の大名に納めていた制度をやめ、東京の政府に税金を集める制度を作り始める時期なのです。そもそも今に至る金納とて、地租改正によりようやく実現するのです。

一事が万事この調子ですから井上への攻撃は激しく、参議筆頭の西郷が後見人となることで、ようやく井上も納得したほどです。

しかし、西郷が調整役として機能したかというと、極めて疑問です。

江藤は留守政府で長州閥の追い落としをはかりました。

井上が、旧南部藩（秋田県）の民間人から銅山を強奪し、長州出身の御用商人にタダ同然の値段で払い下げるという尾去沢《おさりざわ》銅山事件を起こしました。江藤はこれを追及し、井上を政府から放逐しています。さすがに、あまりにもあからさまな悪行に、西郷も庇いきれませんでした。

江藤は陸軍にも狙いを付けました。戊辰戦争の直後に大村益次郎が暗殺されてから、近代陸軍の創設を一手に担っていたのは、長州の山縣有朋です。

かつては奇兵隊の賄方《まかないかた》をしていた山城屋和助という山縣の御用商人が、フランスと商売しようとして、約六十五万円もの金を軍から受け取りました（毛利敏彦『明治六年政変』中公新書、一九七九年、六七頁。伊藤痴遊『明治裏面史』上巻、国書刊行会、二〇一三年、六九頁では六十四万九千両）。この額は、当時の国家予算の一パーセントに当たります。それを着服し、散財してしまったのです。公金を無担保融資した陸軍大輔山縣有朋は詳細が明らかになるのを恐れ、山城屋に詰め腹を切らせました。比喩ではなく、物理的切腹に追い込んだのです。

領袖に担がれた西郷

激しく攻撃する江藤を西郷はなだめましたが、山縣は陸軍大輔を辞任します。

西郷としては、たまったものではないでしょう。江藤の言うのも正論だが、金に汚い井上や山縣の優秀さは誰もが認める。江藤もそれをわかっていて、長州追い落としと自己の権力掌握のためにスキャンダルを使っているのです。

板挟みです。留守政府を預かるはずの西郷は、職場放棄するかの如く何度も鹿児島に帰っています。鹿児島に帰ったら帰ったで、旧主（と本人は思っていない）島津久光から攻撃される。二年経ち、西郷はノイローゼのようになっています。

これで大久保たちの岩倉使節団が何か成果をあげていたら、救いがあったかもしれません。しかし当時から、多額の国費を使って何をしているのだ？　との扱いです。

目的は条約改正の下交渉ですが、感触が良かったアメリカでは全権委任状を持ってきておらず、取りに帰っている間にタイミングを逸したという間の抜けた話があります。この時は、英語ができる伊藤博文が森有礼《ありのり》と組んで我が物顔で話を引っ掻き回し、語学ができない岩倉・大久保・木戸の三人が半信半疑でいると案の定失敗したという、頭を抱えるしかない結末でした。

洋行した若者たちが近代日本に貢献した、などというのは後世の評価です。西洋化への反発もある時代です。津田梅子のように「五歳でアメリカに留学したら、二十歳で帰国した時には日本語を忘れていた」などという始末です。手放しでほめられる訳がありません。国費を浪費して二年も漫遊しただけで無残に帰国する使節団と、華々しい成果を上げ続けた留守政府。岩倉、大久保、木戸、伊藤は、失脚状態でした。

政界の中心は、飛ぶ鳥を落とす、江藤です。太政大臣の三条や有栖川宮はお飾り扱いで、やる気が無い西郷を中心に、肥前の江藤と副島種臣、土佐の板垣が仕切ります。西郷を領袖格に担ぐことで、薩摩の人間は全員ついてきます。長州の山縣や井上は既に追い落としました。一人、同じ肥前でも大隈重信だけは大久保に私淑しつつ、西郷を人間的に毛嫌いしていたので、距離を置いていますが、江藤と板垣は肩で風切る勢いです。

長州の相次ぐ汚職と岩倉使節団の失敗で、岩倉・大久保と長州を追い出し、土肥が薩摩を抱き込んで政府の主流派となっていました。

この時、西郷は自分が権力を握る、あるいは大久保たちを追い落とそうなどとはカケラも考えていなかったでしょう。むしろ、戊辰の役の途中から、明らかにやる気をなくしています。しかし、政治とは本人の意思を離れ派閥ができることが多々あります。この時の西郷は、大久保追い落としをはかる江藤に担がれているのです。

征韓論の地政学的意味

これに対し、大久保は奪権闘争を挑むことになります。明治六年の政変のはじまりです。簡単に言えば、「留守政府が西郷隆盛の朝鮮派遣を決定したのに対し、大久保利通が岩倉使節団から帰国後にひっくり返し、怒った西郷ら政府の半分が下野した」という事件です。かつての通説では、「即時朝鮮出兵を唱える西郷と時期尚早論の大久保の対立」ということで、「征韓論」「征韓論争」とも言われました。この通説は、明治六年当時から長らく信じられていました。

これに異論を投げかけたのが毛利敏彦先生です。『明治六年政変の研究』（有斐閣、一九七三年）において、史料上は「西郷の朝鮮派遣」しか出てこず、板垣ら取り巻きはともかく西郷自身は征韓を主張していないとし、研究に一石を投じました。「征韓論」ではなく、「遣韓論」「差遣論」と称すべきだとのことです。学界では概ね受け入れられているようです。

ただ、これに価値観が絡み、話はややこしくなります。第二次世界大戦の敗戦後、日本の朝鮮進出は悪とされました。必然的に朝鮮進出を唱えた西郷も悪とされます。毛利氏の論は、えてして「西郷さんは朝鮮侵略を言いだしていなかった」という文脈で語られます。毛利先生はどちらかと言えば歴史学界では珍しいタカ派だったので、その文脈で語られるのが本意だったかどうかは不明ですが。専門外でありながら『史学雑誌』の学界動向を紹介するコーナーの「回顧と展望」で、憲法学の八月革命説を批判し出したこともありました。事実に基づかないことが許せない、一本気な性格ではありました。

では、明治六年の政変をどう捉えるべきでしょうか。結論に至るまでに、大事な前提がありますので、お話ししていきます。

まず、朝鮮半島の地政学的位置です。

古代以来、朝鮮半島が敵対的な大陸勢力の手に落ちた場合、日本国は戦う以外に選択肢はありません。和の五王、白村江の戦い、蒙古襲来、豊臣秀吉の朝鮮出兵と、日本国と外国の戦いはすべて朝鮮半島が重要な土地です。聖徳太子すら朝鮮出兵のために北九州に遠征しています。そして日清日露戦争以降の近代日本の戦争も、アメリカが日本の肩代わりをしたというべき朝鮮戦争も、やはり半島をめぐる争いです。朝鮮は、対馬から肉眼で見えるのです。

そうした環境は幕末明治も変わるはずがありません。江戸時代を通じて朝鮮は清の属国でした。しかし、宗主国の清が衰えると、列強が清本土だけでなく朝鮮半島にも食指を動かします。本書で扱う時代はすべて、海洋勢力の大英帝国の覇権に大陸勢力のロシアが挑戦する勢力争いが繰り広げられているのですが、東アジアも例外ではありません。英露両国ともに朝鮮半島に野心を持っています（英国は巨文島を占領しているし、ロシアの朝鮮進駐はまさに日露戦争の原因となった）。朝鮮半島は、もしも大国に取られた場合、即座に日本の安全保障が危機に陥る地政学上の要衝なのです。

日本は明治維新による新政府の樹立により、近代国家の道を歩み始めました。近代国家は、排他的（exclusive）に領域を支配します。排他的に支配するからこそ、治安維持などの責任が生じます。だから、ある土地を他の国と共有、などということはしません。それでは、責任の所在が明らかではありませんし。

英露、そして朝鮮王朝

明治政府も近代国家として船出していくに当たり、それまでは曖昧だった国境を画定していきます。そのために、三つの国との交渉に忙殺されます。

第一は、イギリスです。太平洋に浮かぶ小笠原諸島の帰属をめぐり交渉しました。第二章で述べた如く、ペリーは、小笠原の占有を宣言したら英露から抗議がきたので、無かったことにしました。江戸幕府が毅然と小笠原の領有を主張したのも前述の通りです。

交渉は明治政府に引き継がれました。アメリカは物わかりが良かったのに対し、イギリスは色々と難癖をつけてきました。それでも明治政府は国際法を根拠に正当性を主張し、穏便に解決します。イギリスやアメリカからの入植者は、日本国籍を取得し、その人たちの子孫は今も日本領小笠原で日本国民として暮らしています。英米ともに、太平洋のど真ん中に浮かぶ小笠原には執着しなかったので、穏便な解決になりました。

第二は、ロシアです。樺太と千島は日露雑居地で紛議が絶えませんでした。この問題の解決は榎本武揚の面目躍如です（詳細は、小著『嘘だらけの日露近現代史』扶桑社、二〇一五年を参照）。

ロシアは日本の隣国にある超大国ですから、最大の脅威です。ロシアが清や朝鮮に影響力を持つことは、即座に日本の安全保障を脅かすのです。これを意識しない政府当局者はいません。当時、欧州の五大国の関心はバルカン問題に集中しており、ロシアはオスマン・トルコ帝国とつばぜり合いを続けています。榎本はまさにロシアがバルカン問題でトルコとの開戦が時間の問題となった機をとらえて、ロシアは極東で強く出られまいと踏んで、千島樺太交換条約を結びました（小著『世界大戦と危険な半島』ＫＫベストセラーズ、二〇一五年）。幕末、列強の脅威に怯えながら不平等条約を結んだのですが、榎本の卓越した経綸と外交交渉力で、大ロシア相手に対等条約を結んだのでした。

外交当局者が国策を考える際、地政学を基礎にモノを置くなど、常識です。西郷もトルコ問題が落ち着けば、ロシアは日本に強く出ると考えていました（前掲『西郷隆盛と士族』）。

征韓論の研究書を読むと、ロシア問題の方が朝鮮問題より緊急性は高かったのではないかという指摘があるのですが、結論から言うと同時並行の問題です。問題は、ロシアが隣国でにらみを利かせている時に、朝鮮でどの程度の武力行使が可能だったか、です。

第三は清です。争点は、二つです。一つは琉球と台湾の国境画定、もう一つが朝鮮問題です。アクターが日本と清で、琉球や朝鮮はシアターにすぎません。

琉球は、文化的には明らかに日本民族で、嘉吉元《かきつ》（一四四一）年には公式編入されています。慶長十四（一六〇九）年には島津が進駐し、直接支配を受けます。ただし、その後も清朝への冊封は続け「両属」と言われる体制を続けていました。つまり、普段の琉球は島津の役人が統治するけれども、清朝の役人が来た時だけ隠れる。その方が、日清両国に都合がよいと考えられてきたのです。それを我が国は、明治の国境画定の時に決着をつけようとしたのです。明治初年の段階で「琉球（沖縄）は日本、台湾は清」という日本側の主張通りに実効支配が進むのですが、清朝が納得しない状態が続きます。しかし、日清戦争で台湾を日本が獲得するや、そのような問題は自動的に消滅することとなります。

琉台問題と同時並行で交渉されたイシューが、朝鮮問題です。

朝鮮王朝は、実質上は清の属国でしたが、形式上は主権国家です。近代国際法体系では、事実がどうであれ、主権国家の建て前を大事にします。日本は明治新政府の成立を機に、挨拶の為に朝鮮国王に使者を出します。しかし、これに朝鮮が怒るのです。このとき、日朝間には大きな感覚のズレがありました。

明治初年、日本側は朝鮮を対等の主権国家として、日本国天皇から朝鮮国王への親書を持っていきました。これが大問題でした。それまで「日本国王」や「日本国大君」は将軍だったのです。それが朝鮮国王のカウンターパート（対等の相手）でした。しかも、行われていたのは外交ではなく通商です。それを将軍あらため大臣ではなく、日本国最高権威の天皇が挨拶の主体となったのは善意でした。

ところが、朝鮮は中華皇帝様の第一の子分であるという自己認識の国です。挨拶の中に「皇」「勅」などの文字があるのを問題視し、「これらの字は中華皇帝様だけが使えるのであって、受け取れない」などと言いだしたのです。これを書契問題と言います。「皇」の字を使うなとは、日本の天皇が「天皇」を名乗ることも否定している訳です。彼らは、「日王」

としか呼びません。中華皇帝が一番偉く、自分が第一の子分、日本はその下だという意識です。

対等の付き合いを求めたら、こちらを子分扱いする。仮にこの時、朝鮮が日本と対等の付き合いをしていたら、東アジアの日朝中三国が対等の主権国家として交際する関係になったかもしれません。近代国際関係とは、そういうものです。しかし、朝鮮は頑なに中華皇帝の子分であることをやめず、自立の道など一顧だにしませんでした。そして日本に対し非礼を尽くし、まともな外交関係は成立しません。

朝鮮政府に主体性が無いのはともかく、朝鮮半島という土地は重要です。日本政府としては無視するわけにもいきません。

中華帝国の属国として忠誠を誓う関係を冊封体制と言います。日本が力で支配している琉球にはやめさせましたが、朝鮮は事情が違います。ならば、力ずくでやめさせるか、仮に力を行使するならいつどのようなやりかたでか、というのが当時の常識なのです。

「自分が朝鮮に使者に立つ」

そもそも、当時の日本に朝鮮で戦争を行う能力があったか。朝鮮に軍隊を動かすならば、背後にいる清の動向を注視せねばなりません。仮に、この場合の「征韓」すなわち軍事介入が日清戦争のような国民戦争ならば、間違いなく不可能です。日清戦争以前に、明治十五（一八八二）年の壬午事変と同十七（一八八四）年の甲申事変で、日清両国はにらみ合いをしています。朝鮮宮廷の派閥抗争に、日清両国が軍隊を派遣して介入したのです。その時期の日本にも清国と張り合う力は無く、何とか外交交渉で痛み分けのような形に持ち込みました。ただ、明治八（一八七五）年の江華島事件のように、清国の了解の上で朝鮮に対し開国を迫る、外交の手段として砲艦外交を行うのならば不可能ではなかったでしょう。

「征韓」とは、江華島事件型の武力による威嚇、せいぜい壬午・甲申事変型の限定的な軍事介入と解すべきでしょう。それをやるかどうかで、大久保らと留守政府は争っているのです。

以上のようなことを踏まえていないと、一次史料や学術書をいくら読んでも、歴史の実態はつかめないと思います。明治史の専門家の学術書を読んでいても、確かに一次史料の紹介は参考になるのですが、少し専門外の事になると不可解な記述に出会ったりします。

たとえば、当時の朝鮮を強い国だと勘違いする人もいます。本書で大いに参考にさせてもらった家近良樹『西郷隆盛と幕末維新の政局』（ミネルヴァ書房、二〇一一年、十一頁）では「当時の朝鮮王朝は……フランスとアメリカを撃破するなど、意気軒昂たるものがあった」という表現に出くわします。この実態は、小著『嘘だらけの日韓近現代史』（扶桑社、二〇一三年）に詳述しておきましたが、要するに商船を砲撃しただけです。だいたい、当時の日本は、小国のアメリカにすらかなわないのです。朝鮮は結局、その日本に力ずくで開国を強制されるのですが、日本はいつのまにアメリカどころか、大国のフランスをも凌駕する強い国になったのでしょうか。

朝鮮問題は留守政府が勝手に事を進めたのではなく、明治初年からの懸案なのです。留守政府で朝鮮問題がとうとう沸騰したのが実態だと解釈した方がよさそうです。

西郷は、「自分が朝鮮に使者に立つ」と宣言します。板垣退助などは武力征伐を主張し、道義外交を説く西郷にたしなめられています。この時、西郷が本当に朝鮮に行けばどうなったか。当時の朝鮮人の行動様式からして殺される可能性は低いでしょうが、ゼロとも思えません。そこに板垣のように煽る人がいると、岩倉使節団の面々にとっては、「西郷を殺させて開戦事由にし、自分たちが政府の主導権を握ろう」ととれます。討幕をやり遂げた薩長に対し、土肥は軍事的功績に劣ります。長州や大久保が岩倉使節団で大失敗している現状で問題を解決したら、江藤や板垣は一気に独裁権を掌握です。

特に、朝鮮問題に詳しい木戸孝允からしたら、なぜ自分の帰りを待たずにこのような重大な決定をするのか、でしょう。重大な決定とは「戦争」のことです。仮に戦争になるにしても全面戦争などできるはずないし、板垣だってそれくらいわかっていると承知のうえで、

「貴様は、今の日本が戦争などできると思っているのか！」と難詰するのが政治です。

盟友大久保との対立

ここで、大久保と西郷の心象風景を考えてみましょう。

しばしば明治維新は世界史の奇跡と言われますが、本当にこの人がいなければ維新はなしえなかったと思われるのは二人です。

一人は、高杉晋作。まさに正義派が俗論派の政権により弾圧された時、功山寺決起により長州の藩論を一変させました。あの時、三千人の敵に一人で立ち向かって勝てると思った人はいませんでした。しかし、この奇跡が無ければ長州など歴史の闇に消えていたでしょう（小著『帝国憲法物語』ＰＨＰ研究所、二〇一五年）。

もう一人は、大久保利通。長州が第二次長州征伐を撃退したことで薩長同盟が実体化しました。しかし、それだけでは、三百年続いた徳川は倒せません。大久保は徹底的に徳川慶喜を排除するまで戦い抜きました。その戦いは、苦戦の連続で、鳥羽伏見に錦の御旗が翻るまで徳川慶喜が排除されるなど、誰も想像できませんでした。

この二人の一連の行動に関与したのが、西郷隆盛なのは強調しておきましょう（本書第四章）。

上は松平春嶽や山内容堂のような政界実力者から、下は坂本龍馬のような政治浪人まで、徳川慶喜を中心に旧い徳川幕府を新しい政府に再編していくのが現実的だと考えていました。確かに、現実的でしょう。しかし、その現実の先には何があるのでしょうか。文久の改革以後の慶喜中心の政局で何が進んだか。強い政府を作り、全国から税金を一斉に中央政府に集め、その金で国家の軍隊を創る。そして外国と張り合っていく。慶喜がいては無理です。そうした未来が、大久保利通には見えていました。

日本中の誰もやらないなら、自分がやるしかない。もしかしたら、西郷が沖永良部島に島流しにされ、久光に取り入るべく囲碁を覚えた時から、そうした決心をしていたかもしれません。

大久保には自分が権力を握らないと、日本を守れないという凄まじい自我がありました。だから、外国を見たいのです。国づくりの初め、自ら作った大蔵省を放り出してでも、一度は直に外国を見たいのです。そして大久保の使命感が高まったのはともかく、使節団そのものは大失敗でした。そして留守にしていた日本では、江藤新平が西郷を担いで我が物顔にふるまっています。

この時の江藤は、明らかに大久保の追い落としを図っています。苦しい時を支え合った人生最大の親友が、自分を殺そうとしている相手に担がれている。政治的立場を守るためにも、個人の感情としても、大久保は何としても江藤を叩きのめさねばならないのです。

　では、そうした大久保の態度は西郷にどう見えるでしょうか。

　得手勝手にしか見えません。

　明治初年の戊辰の役の途中で西郷は国許へ帰りました。故郷でも、旧主久光らの態度など不愉快なことが続きます。大久保に無理やり頼み込まれて政府に復帰し、廃藩置県以降の大改革をやり遂げます。その大久保は岩倉使節団で二年も国を離れ、好き勝手。その間、有能だが腐敗を極める山縣や井上と、正義感が強いが融通が利かない江藤の追及とに板挟みになり、心労だけが重なります。

　そして、朝鮮問題です。せっかく自分が政府部内をまとめたのに、それに異を唱えようとするのか。西郷の怒りが爆発するのは、当然でしょう。

　留守政府の、三条・西郷・江藤・板垣らは、西郷の朝鮮派遣を決定していました。これに対し、岩倉・大久保・木戸・伊藤らが猛反対します。太政大臣の三条は動揺し、留守政府に居た大隈重信は大久保寄りの中立の姿勢を取ります。

　政府は完全に二分されました。最も対立したのは、盟友であったはずの西郷と大久保です。強硬に「決まったことだ、自分が朝鮮に行く」という西郷と、「それは戦になる。時期尚早だ」と止める大久保の剣幕に、誰も近づけないのが実情でした。

岩倉具視は大久保を切り捨ててでも妥協を図ろうとしますが、逆に恫喝されて動揺するだけです。三条実美に至っては、西郷のあまりの剣幕に恐れをなし、倒れて危篤状態になるほどでした。

一人、江藤はほくそ笑みます。実際、江藤は江藤で留守政府の決定が覆されるのを恐れて必死なのですが、こういう時の大久保にはほくそ笑んでいるように見えるものです。

大久保は岩倉を使い、天皇の勅命を引き出しました。三条太政大臣が危篤なのを利用して右大臣の岩倉を太政大臣代理とし、直接上奏により引き出したのです。

西郷は岩倉に対し強硬に抗議をしましたが、そこは岩倉も百戦錬磨の政治家。一歩も引きません。こうなったら勅命を得た方が勝ちで、西郷の朝鮮派遣は取りやめとなりました。

西郷は辞表を提出し、鹿児島に引き上げます。

富国強兵と殖産興業

十月二十三日、参議兼陸軍大将・近衛都督の辞表を提出し、唯々諾々と大久保の権力奪還を認めて去っていきます（陸軍大将の辞任は認めない形で処理され、法制上、西郷は依然として武官の最高位を占めていた。『図説・西郷隆盛と大久保利通』河出書房新社、八九頁より）。

帰郷の前、西郷は大久保に別れの挨拶を告げに来ます。十月二十八日、これが今生の別れになるとは、誰も知りません。

大久保が残ってくれと頼むと、西郷は一言「嫌だ」と答え、大久保も冷たく「勝手にしろ」と言い放ったとか。西郷がプイと横を向いて出ていくのを、大久保は背を向けて見送らなかったとか。その場に同席した伊藤博文は、オロオロするしかありません。

西郷は鹿児島から大久保に手紙を書くこともしませんでしたが、大久保にとって無念だったでしょう。仲が良かった二人の意地の張り合いが悲劇を生むこととなります。

二人は、袂を分かっても心の底では認めあっています。もしかしたら、大久保の行動が誰の目にも自分勝手な権力亡者にしか見えなかったとしても、西郷だけは大久保が私利私欲で動く人間ではないと世界で唯一理解してくれたかもしれません。

しかし、彼らの心の中がどうであれ、明治六年の政変が残した傷跡が消えることはありませんでした。

政変に際し、西郷の実弟の従道は、兄に従うか政府に残るかで悩み、兄と袂を分かちました。「兄に謝りたい」との心中を吐露された大久保は、「地下で謝るしかない」と答えたそうです。大久保も同じような心境だったかもしれません。

十一月二十五日、江藤新平、板垣退助、後藤象二郎、副島種臣も参議を辞任します。大久保の真の目的は留守政府の一掃ですから、大勝です。あまりにも大きな、そして取り返しのつかない犠牲を払っての勝利でしたが。

二十九日、内務省が新設されます。あまりにも巨大官庁と化し、西郷も手を焼いた大蔵省には財政部門だけを残し、民政部門を分離したのです。内務卿には大久保が就任します。誰もが西郷に代わる政府の最高実力者だと看做しました。

大久保は西郷の朝鮮派遣を抑えるために唱えた「内地優先」の原則に基づき、「富国強兵」をめざし、「殖産興業」をはかります。実際に自分の目で見てきた欧米に追い付くには、産業を興すしかない。仕事に没頭します。

世界中を敵に回した大久保

明治七（一八七四）年は、大久保にとって多難の年でした。

年明け早々の二月、佐賀の乱が勃発します。続発する不平士族の反乱の嚆矢です。首謀者は江藤新平で、大久保の率いる政府への不満分子が江藤を担ぎ上げたとされます。

憎き江藤の討伐に大久保は自ら乗り出し、兵を率いて瞬く間に鎮圧しました。その鬼気は凄まじく、砲弾の飛び交う中、フロックコートで歩きながら陣頭指揮をしました。兵士たちは「あの人は戦場の経験はないはずだが」と感嘆したとのことですが、実際には薩英戦争が初陣です。

江藤は鹿児島の西郷のところまで助けを求めに来ましたが、無視。ここで敗残の江藤を助ける理由がありません。むしろ、自首を勧めるような有り様でした。

大久保は裁判にも自ら同席し、一方的に斬首を言い渡しました。江藤は司法卿として打ち首は非文明的だと廃止していたのですが、無視しました。大久保の憎悪が伝わります。

毛利敏彦先生は若い頃は大久保の伝記を書いて好意的でした（前掲『大久保利通』）。もっとも維新以降の言及は、ほとんどありませんが。ところが江藤新平と佐賀藩の研究書を出すようになると、江藤を称えるとともに大久保のエゴイズムをこれでもかと批判するようになります（『江藤新平—急進的改革者の悲劇』一九八七年、『台湾出兵—大日本帝国の開幕劇』一九九六年、『幕末維新と佐賀藩—日本西洋化の原点』二〇〇八年。すべて中公新書）。

その中で佐賀の乱に関しては、大久保の仕掛けた陰謀であり、何も知らない江藤は激昂する周囲の不平士族に祭り上げられただけだとの説を唱えています。この論点に関しては学界の通説は固まっていないようですが、大久保の江藤に対する憎悪を考えると、ありそうなことです。

五月、大久保は台湾出兵を断行します。明治初年以来の懸案であった、琉台問題の解決を狙ったのです。沖縄県民が台湾に漂着した際に現地人に殺され、これの対応で清国が全く誠意を見せなかったのです。主権国家とは、一人の権利を守るために全力を尽くすから、主権国家なのです。自国の人間の権利が侵害された以上、泣き寝入りをしてはならない。国際法の原理原則はそうなのですが、ではなぜ今なのか？

前年の政変で、「武力行使は時期尚早」「内地優先」だのと主張していたのは、何だったのか。大久保についた三条や岩倉すらあきれ果て、木戸に至っては辞表を提出して下野してしまいます。大久保は完全に孤立してしまいました。

さらに、イギリスのパークス公使が中立宣言します。それどころか、パークスはお雇い外国人の引き上げを示唆するなどの圧力をかけてきました。日清が揉めて東アジアの貿易の利益が失われるのを恐れたのです。戊辰の役での江戸無血開城の際もそうでしたが、この男は日本寄りではなく、イギリスの利益のためにしか行動しないのです。当たり前ですが。逆に、こうしたパークスの行動からイギリスは日本ではなく清国寄りだと言う人もいますが、それも極端です。そもそもイギリス本国にとって東アジアなど地球の果ての辺境です。最も政策の優先順位が低い地域と言っても過言ではありません。その東アジアも言ってしまえば、「清国とその他」です。本国外務省からしたら日本など、朝鮮同様に視界に入っていたかどうかすら怪しいと考えるべきです。

列国公使も全員が、イギリスに追随します。アメリカは普段は一番の味方のような顔をしていますが、いざとなると役に立ちません。この時のアメリカと大英帝国では実力が違いすぎるので仕方ないのですが。一番の親日国がこれですから、わざわざイギリスと事を構える国などありません。

大久保は、日本中と世界中を敵に回しました。

それでも大久保は、やりきりました。「琉球人は日本国民である。日本国民の権利を侵害されたのだから日本国の軍隊が報復を行うのは当然である」と、堂々と国際社会に主張します。ここで清が台湾は清国のものだと言うのなら、清が賠償金を払えば、それで片付く話です。ところが清国は「化外《けがい》の地だ」などと言を左右にします。そうなると台湾は、国際法で言うところの無主の地（no-man's-land）です。物理的に人が住んでいるか否かは問題ではありません。人が住んでいようがいまいが、責任を持つ政府がない状態の場所のことを無主の地と言います。大久保利通はまさにその論理でもって清国を黙らせ、欧米列強にも認めさせたのです。「あなた方は日本を文明国ではないと不平等条約を押し付けてきた。日本国はあなたがたが仰る通りの論理で動いているのです。自分の国の国民の権利を守るのが主権国家なのだから、その義務を行使させてもらいます」ということですが、西洋列強もぐうの音も出ません。

琉球を日本国の一部と主張するということは、日本国には琉球人を守る義務があるのです。大久保は力と論理で認めさせたのです。

諸外国からは最終的に抗議は来ず、清国からは見舞金が贈られてきました。

台湾出兵に際し、大久保は従道を通じて西郷に支援を依頼しました。西郷も最初は台湾出兵に反対していましたが、従道の頼みを聞き容れて鹿児島の兵八百人を調達します。この時点では、心が通い合っていたということでしょう。

全く想像と言えないと思いますが、大久保はこの世のすべてを敵に回しても、西郷一人が味方してくれれば戦えると思っていたのではないでしょうか。

西郷を訪ねた久光

その頃、西郷は隠居のような生活に入ります。当時、四十七歳。人生五十年の時代ですから晩年です。青年育成のために「私学校」を創設しますが、経営は側近の村田新八・桐野利秋・篠原国幹《くにもと》に任せ、自分は読書や狩猟を楽しむ日々です。

それでも西郷の人望は引きも切らず、鹿児島中の若者が競って私学校に集まります。東京の政府も西郷を放っておくはずがありません。大山巌が西郷の説得に鹿児島に来ますが、西郷は断りました。

ここで意外な人物が、西郷を訪ねます。

島津久光です。この頃、久光は東京に呼ばれ左大臣の地位についています。大久保らとしては、久光と西郷が結び付けば一大敵国です。旧主を政府に取り込もうとするのは当然でしょう。そもそも、中央政局に送り出してくれた恩人であるには違いないので、筋も通ります。ただ結果は、東京の不満分子が久光の周囲に集まり、大久保が手を焼くことになり、すぐに辞表提出と帰国の仕儀に至ります。

久光は帰郷後、西郷を湯治に呼ぶなどして、新政府に復帰して国家に尽くすよう説きます。それでも西郷は、頑固に拒否するのですが。

あれほど仲が良かった西郷と大久保が仲たがいし、周囲も割れている。見るに見かねたのかもしれません。案外。背を向けあっているより、喧嘩している方がマシ、ということもありますから。

久光が言っても聞かないのだから、誰が言っても無駄だったでしょう。

大久保が鹿児島まで行って、西郷に土下座して頼んだらどうだったかわかりませんが。しかし、それはできない相談です。それをやったら、大久保は何の為に西郷を排除したのかわからなくなります。己の権力獲得ではなく、国家の為に西郷の権力を奪ったのが大久保です。それは建て前ではなく、実践しなければ、大久保自身の正当性が失われるのです。大久保の心情を察するに、それで問題が解決するならいくらでも頭を下げたでしょうが。自分の感情を押し殺して、孤独に耐えるしかありません。

最後の武士

大久保は、次々と近代国家建設の課題をこなしていきます。周り中を敵に回しながらも、政争に勝ち抜きます。

下野していた木戸孝允と板垣退助を説得し、政府に復帰させました。国会開設や憲法制定を求める板垣の要求を容れました。ただし、急進的な方法は排して、斬新的な手法という条件付きで。

国境交渉も立て続けに片付けます。台湾問題の処理は自ら北京に飛び清の実質的な宰相の李鴻章との直接交渉で決着をつけ、朝鮮には江華島条約で開国させる。ロシアとも、千島樺太交換条約を結びました。

いずれも大久保は称賛されるどころか、批判を浴びます。曰く、「賠償金の額が少ない」「朝鮮への砲艦外交は道義にもとる」「なぜ樺太を手放さねばならないのか」等々。では、当時の日本の国情で、他に如何なるやり方があったのか。いつの時代も批判者は無責任なものです。大久保は、甘受するしかありません。

人気取りをする必要はありませんが、足を引っ張られるのは困ります。

明治九（一八七六）年十月、立て続けに士族反乱が発生しました。熊本の神風連《しんぷうれん》の乱、福岡秋月の乱、山口の萩の乱と、一月の間に三つの乱が起こります。そのすべてを大久保は力で叩き潰していきました。

西郷は、大久保に不満を持つ勢力から決起を期待されますが、無視します。では、なぜここまで大久保は嫌われるのか。単に権力亡者の独裁者と見られたからではありません。

大久保が推進したのは、武士の否定です。源頼朝が鎌倉幕府を開いてから七百年、日本は武士の世の中でした。大久保が推進した近代化とは、武士の否定に他なりません。大久保は日本国民による日本国、国民国家を目指しました。

チャイナでもコリアでもイギリスでもなくロシアでもなく、日本の国民。薩摩でも長州でも会津でも徳川でもなく、日本の国民。日本の国民としてまとまるためには、武士という階級そのものを取っ払わねばならないと考えたのです。

当時の日本は、軍事力・経済力・科学技術力で明らかに西洋列強に劣っていました。だから追いつき追い越さなければ生き残れない。その為には、自分たちの歴史や文化、伝統と決別しなければならない苦悩がありました。

断髪令はまだいい。チョンマゲは手入れが大変でしたから、むしろ歓迎されたくらいです。チョンマゲをしていては世界の社交界に入っていけない。公家で守旧派の筆頭のような岩倉具視が範を示すことで一般に普及しました。全国的ではなかった食用牛肉も普及していきました。食肉は文明開化の象徴のようになりました。

しかし、なんでもかんでも受け入れられたわけではありません。最もわかりやすいのが廃刀令です。刀は武士の魂とされていましたから、それを取り上げた大久保に全国の士族の憎悪が向きます。

その反動で、西郷は「最後の武士」「最も武士らしい武士」として尊敬を集めます。卑怯な大久保に正々堂々と立ち向かって政府を追われたとして、人望を集めてしまうのです。

西郷の自殺願望

そして明治十（一八七七）年、悲劇の最終章の幕が切って落とされます。

きっかけは一本の電報でした。警視庁大警視、今で言う警視総監の川路利良が、西郷と私学校を探ろうと薩摩藩出身の警察官を帰郷させ、スパイ活動をさせていました。川路は薩摩出身で大久保の側近です。今でも東京だけを警備する警視庁が、全国を統括する警察庁と対等の扱いを受けているのは、川路が西郷を後ろ盾にして首都警察主導でポリス設立を行った名残です。

私学校の生徒は中央から帰郷した川路のスパイを怪しみ、捕えてみると「ボウズヲシサツセヨ」という電報を持参していました。「ボウズ」とは西郷のこと、「シサツ」とは「刺殺」

のことだと即断しました。

申し訳ないですが、酔っぱらっていたのでしょうか。本当に「刺殺」なら、電報などに残したりしないでしょう。「視察」に決まっています。

怒った私学校の生徒たちは、政府の火薬庫を襲撃しました。

第一報を聞いた西郷の第一声は「しもた〜」です。「おはんら、なんたることをしでかしたか」と続けます。

西郷は、村田・桐野・篠原ら幹部を集め協議します。鹿児島県の行動様式では、俗に「百人の中に一人の人格者がいて、一人の切れ者にすべてを任せる。残りの九十八人は決定に従うのみ」と言われます。この場合、一人の人格者とはもちろん西郷。そして一人の切れ者は衆目一致して村田です。村田は、大久保が岩倉使節団に連れて行ったほど見込んでいましたが、西郷の下野に従いました。

ところが西郷は、その村田ではなく、幕末に「人斬り半次郎」と恐れられた桐野に託します。西郷が「桐野どんに任せた」と発すると、桐野は「断の一字あるのみ」と応じます。

西郷を総大将に、鹿児島中から一万四千の兵が集まります。大義名分は、「政府の真意を質しに行く」です。

しかし、それなら船で行ってもいいのです。まして、武装した兵を連れていく必要はありません。

そして桐野が選んだのは、熊本城への直進です。攻めるは手練れの薩摩兵の大軍、守るは昨日まで農民だったような素人同然の政府兵四千、舐めていたと言われても仕方ないでしょう。しかし、政府軍は熊本城に陣を敷いています。攻城戦は敵の三倍の兵力でも足りないと言われます。また、政府は無限に近い補給力があり、全国から兵を補充できるのです。

無理やり西郷軍の作戦を合理化すれば、「正々堂々と進軍すれば、全国の不平士族が蜂起し、政府は崩壊する」とでも考えたのでしょうか。

むしろ、一連の行動は「集団自殺」だったと考えれば説明がつきます。

西郷は戊辰の役の途中から明らかにやる気をなくしています。革命家としては、仕方ないかもしれません。無理やり政府に呼び戻されても、本意の仕事をしていたとも思えません。明治期の西郷は、明らかに妥協を欠いています。

西南の役とは、西郷の自殺願望に引きずられた薩摩武士の集団自殺だったように見えます。

日本史上最後の内戦に散った英雄

戦いは各地で激戦を極めました。

熊本城に立てこもる政府軍には谷干城《たてき》、児玉源太郎、川上操六、奥保鞏《おくやすかた》など、後の日清・日露戦争の英雄が参加していました。勇将の下に弱卒無し。谷の指揮下、熊本城の兵たちは、援軍が来るまでよく持ちこたえました。

しかし兵の質では、薩摩兵の方が優れています。徴兵令が施行されたのが明治六（一八七三）年ですから、政府軍はできてからまだ四年しか経っていません。現代で言えば、高校生がようやく防衛大学校を卒業する時間です。訓練もいきとどいているとは言えませんし、なにしろ実戦経験不足です。まだまだ武士からなる薩摩兵の方が強く、特に白兵戦となれば段違いです。

神風連の乱ほか立て続けに起った士族反乱で明らかになったのは、できたての国民軍はまだまだ素人で武士には勝てないということです。西南の役というのは、国民軍と武士とどちらが強いかなのですが、個々の戦闘力は武士の方が上です。

業を煮やした政府は、川路利良が配下の薩摩出身者からなる「警視庁抜刀隊」を編成し、戦闘に投入します。

こうした工夫もあり、最終的に国民軍である政府の方が勝ちます。薩摩兵が如何に刀の個人技で優れていようが、近代兵器を持ち集団戦の国民軍が最後には勝ったのです。

戦略的には熊本城を短期で落とせず、政府軍が陸続と援軍を送る形勢となれば、西郷軍に勝ち目はありません。最大の激戦地である田原坂の戦いで敗れて以降、西郷軍は故郷の鹿児島を目指して後退しますが、蛇行するように迷走しています。

西郷らは延々と闘争を続けるだけになり、一人減り二人減りの状況です。攻め手の将軍は、とうとう、城山に追い詰められました。山城屋事件で西郷が情けをかけた山縣有朋です。山縣は文字通り、蟻の這い出る隙間もないほど包囲しました。

西郷は観念し、側近の別府晋介に決意を促すように「晋どん、もう、ここでよか」と告げます。

切腹はせず、別府の介錯だけの最期でした。他人にすべてを委ねた、西郷らしい最期です。明治十（一八七七）年九月二十四日、古今無双の英雄の死でした。

別府はすぐに後を追い、桐野・村田・篠原も皆、戦死します。

半年に及ぶ西南の役は、終結しました。「西郷隆盛が負けた」という事実によって、反乱を起こして成功する者はいないと国中に知らしめることとなりました。日本史最後の内戦です。薩軍死者は約六千四百人、政府軍死者は約六千八百人の大激戦でした。

血で染まった西郷の手紙

明治十年から翌年にかけて、三傑と言われた偉大な政治家が次々と亡くなります。

木戸孝允は政府に復帰してからは病気がちで、役の最中は死の床に臥せっていました。最期の言葉は、「西郷、ええ加減にせんか」でした。木戸は醒めた人でしたから、西郷の心中が読めていたのかもしれません。

残されたのは、大久保です。大久保は、木戸が死ぬまで、長州閥には気を使い続けました。薩摩の人間は政治には向かないと自覚していたこと。派閥人事と言われるのを極力警戒したことが、木戸に気を使った理由です。そうしたことから、長州の伊藤博文・井上馨・山縣有朋、あるいは肥前の大隈重信を側近として重用しました。もちろん薩摩にも、西郷従道や川路利良のような、大久保に重用された有能な人材はいますが、能力本位の登用です。

大久保は西郷が挙兵したと聞いて、最初は信じなかったそうです。西郷さんが、そんなことをするはずがないと。

次いで、自ら西郷に会いに行こうとして周りから止められます。

そして西郷の死を聞くや、泣きじゃくっていたそうです（中西進監修『実はこの人こんな人』四季社、二〇〇二年）。

西郷の死から大久保に残された時間は、十ヵ月でした。木戸への遠慮も無く、大久保がやりたいことをやれた時期です。この間、大久保が従来からの殖産興業、富国強兵と共に行ったことがあります。地方議会の開設です。

イギリスには「地方自治は民主主義の学校」との言葉がありますが、大久保は地方からの民主化を考えていたのです。大久保は日本を、岩倉使節団で見たイギリスのような文明国にしたかったのです。ようやく、大久保のやりたいことが始まりかけていました。

大久保に対しては誤解も多く、情実と金権の政治家、大恩人の西郷を殺した極悪人との評判が強くなっていきました。

大久保暗殺計画の噂も流れてきます。川路の下には旧金沢藩士の計画も伝わってきましたが、「加賀ッぽうに何ができるか」と放置していました（佐々木克監修『大久保利通』講談社学術文庫、二〇〇四年）。

運命の明治十一年五月十四日の朝、大久保は自分の経綸を語っています。早朝に自宅を訪れた客に対し、普段は無口な大久保が珍しく饒舌でした。

明治の最初の十年は、戦乱を治める創業の年。次の十年は、産業を興す。最後の十年は後身に道を譲り、民権に移行する。大久保の志は果たされますが、帝国憲法の制定も、議会の開設も、もちろん日清日露戦争の勝利も見ることはありませんでした。

馬車で内務省に向かう途中の紀尾井坂で、大久保は刺客に襲われます。犯人は西郷を慕う旧金沢藩士たちでした。

斬奸状《ざんかんじょう》には、大久保が私利私欲で政治をほしいままにしていると糾弾されていました。

また、長らく大久保は死の間際にみっともなく逃げ回ったと吹聴されていました。

真実は、賊に対し毅然と「無礼者！」と叱り飛ばした瞬間に胸を刺され、抵抗する間もなく道に引きずり出され、脳天を十数回たたき割られ、脳みそが飛び散るような悲惨な死に方でした。

肌身離さず胸にしまってあった西郷からの手紙は、血で真っ赤に染まっていました。

おわりに

「西郷隆盛は早坂茂三のようなものだった」と言えば、間違いなく怒る人が多いだろう。早坂茂三とは、金権政治家として有名な田中角栄元首相の秘書で、著書で「忍びの者の役割を果たした」などと金配りのノウハウを披露していた御仁である。

島津斉彬に仕えた若き日の西郷の役回りは、まさに田中角栄における早坂のそれだった。もっとも、西郷は自分の手口を著作で公開したりはしなかったが。

本書では、聖人君子として扱われることが多い西郷の、あまり語られることのない側面を描いた。生身の西郷は完全無欠の人格者どころか、多くの欠点を抱えた人物だ。気難しく、気まぐれで、人の好き嫌いが激しく、好戦的で、妥協を知らない、破滅的な性格だ。

だが、読者諸氏は西郷を嫌いになられたであろうか。私は、そうした欠点をも含めて西郷の魅力であると思う。だから、幕末維新における偉大な人物の生身の姿、特に西郷の苦しみや痛みを伝えたつもりだ。

そもそも人間の評価に、百点や零点がありうるだろうか。あらゆる人が業を背負い生きている。西郷にも、大久保にも、慶喜にも、他のすべての幕末維新を生きたそれぞれの人が業を背負っていた。そして彼らがぶつかる中で社会は動き、歴史は生まれた。

本当の歴史は、当事者が死に絶えてからしか書けないと言われる。五十年以内は歴史学の対象ではないと言われたものだ。来年（二〇一八年）は明治維新百五十年。ようやく、幕末維新の人たちが何をしていたのかが見えてくると思う。単純な正義と悪で割り切れない歴史の一断面を描けていたとしたら、本書は成功しているのではないかと自負する。

今回、講談社の加藤孝広さんに多大な忍耐を強いてしまった。しかし、「待った甲斐がありました」とのお言葉をいただけたことは、何物にも代えがたい喜びだ。倉山工房の徳岡知和子さん、佐野貞子さん、八洲加美世さんにも感謝して筆を置きたい。

二〇一七年十月

倉山　満

倉山 満

1973年、香川県生まれ。憲政史研究者。中央大学大学院文学研究科日本史学専攻博士後期課程単位取得満期退学。国士舘大学日本政教研究所などを経て、現在、倉山塾塾長、ネット放送局チャンネルくらら主宰。著書に『政争家・三木武夫　田中角栄を殺した男』(講談社＋α文庫)、『倉山満が読み解く足利の時代　力と陰謀がすべての室町の人々』(青林堂)、『大間違いの織田信長』(KKベストセラーズ)、『国際法で読み解く戦後史の真実　文明の近代、野蛮な現代』(PHP新書)、『右も左も誤解だらけの立憲主義』(徳間書店)など多数。

講談社＋α新書　781-1 C

工《こう》作《さく》員《いん》・西《さい》郷《ごう》隆《たか》盛《もり》

謀略の幕末維新史

倉《くら》山《やま》 満《みつる》

2017年11月20日第1刷発行
2018年 1 月10日第3刷発行

発行者――鈴木 哲

発行所――株式会社 講談社
東京都文京区音羽2-12-21 〒112-8001
電話 編集(03)5395-3522
販売(03)5395-4415
業務(03)5395-3615

カバー写真――近現代PL ／アフロ

デザイン――鈴木成一デザイン室

カバー印刷――共同印刷株式会社

印刷――慶昌堂印刷株式会社

製本――株式会社国宝社

本文図版――朝日メディアインターナショナル株式会社

Printed in Japan
ISBN978-4-06-291509-0

講談社＋α新書

書名	著者	内容	価格	番号
50歳からは「筋トレ」してはいけない 何歳でも動けるからだをつくる「骨呼吸エクササイズ」	勇﨑賀雄	人のからだの基本は筋肉ではなく骨。日常的に骨を鍛え若々しいからだを保つエクササイズ	880円	767-1 B
定年前にはじめる生前整理 人生後半が変わる4ステップ	古堅純子	「老後でいい!」と思ったら大間違い! 今やると身も心もラクになる正しい生前整理の手順	800円	768-1 C
日本人が忘れた日本人の本質	山折哲雄 髙山文彦	「天皇退位問題」から「シン・ゴジラ」まで、宗教学者と作家が語る新しい「日本人原論」	860円	769-1 C
ふりがな付 山中伸弥先生に、人生とiPS細胞について聞いてみた	山中伸弥 聞き手・緑 慎也	テレビで紹介され大反響! やさしい語り口で親子で読める、ノーベル賞受賞後初にして唯一の自伝	800円	770-1 B
結局、勝ち続けるアメリカ経済 一人負けする中国経済	武者陵司	2020年に日経平均4万円突破もある順風!! トランプ政権の中国封じ込めで変わる世界経済	840円	771-1 C
仕事消滅 AIの時代を生き抜くために、いま私たちにできること	鈴木貴博	人工知能で人間の大半は失業する。肉体労働でなく頭脳労働の職場で。それはどんな未来か?	840円	772-1 C
病気を遠ざける! 1日1回日光浴 日本人は知らないビタミンDの実力	斎藤糧三	紫外線はすごい! アレルギーも癌も逃げ出す! 驚きの免疫調整作用が最新研究で解明された	800円	773-1 B
ふしぎな総合商社	小林敬幸	名前はみんな知っていても、実際に何をしている会社か誰も知らない総合商社のホントの姿	840円	774-1 C
日本の正しい未来 世界一豊かになる条件	村上尚己	デフレは人の価値まで下落させる。成長不要論が日本をダメにする。経済の基本認識が激変!	800円	775-1 C
上海の中国人、安倍総理はみんな嫌い だけど8割は日本文化中毒!	山下智博	中国で一番有名な日本人——動画再生10億回!! 「ネットを通じて中国人は日本化されている」	860円	776-1 C
戸籍アパルトヘイト国家・中国の崩壊	川島博之	9億人の貧農と3隻の空母が殺す中国経済……歴史はまた繰り返し、2020年に国家分裂!!	860円	777-1 C

表示価格はすべて本体価格（税別）です。本体価格は変更することがあります